話し方で損する人得する人

五百田達成
Iota Tatsunari

Discover
ディスカヴァー

はじめに

「この本、買ってよ！」

突然ですが、この言葉を見て、どう思われたでしょうか？
正直、イラッとしたのではないでしょうか？

では、これならどうでしょうか？

「この本を手にとってくださり、ありがとうございます」

少なくとも不快な感じはしなかったのではないでしょうか？
「まあ、いい本なら、買ってあげてもいいかな」
そう思ってくださったかもしれません。

「この本を買ってもらいたい」という同じ目的だったとしても、このように言い方を変えるだけで相手に与える印象は180度変わります。

「話し方」というのは、あなたが思っている以上に大切なものなのです。

人間関係は、お互いの相性や立場、年齢・性別で、うまくいくかどうかが決まるように思われがちです。

しかし、そうではなく「話し方」で、人間関係は良くも悪くもなるのです。

世の中には2種類の人がいます。まずはこんな人。

・いろいろな人に誘われる
・いつも和やかで楽しそう
・ストレスが少なくいつも笑顔に満ちている
・「あの人のためなら」と、まわりが動いてくれる

一方でこんな人もいます。

・**あまり誘われない**
・**いつもイライラしていてまわりに人がいない**
・**つねにストレスを抱えていて眉間にしわが寄っている**
・**号令をかけても人が動かない**

この2人、何が違うのでしょうか？
ぼくは「話し方」が違うのだと思います。見た目や社会的な立場などがまったく同じでも「話し方」が違うだけで人生はこんなにも変わります。

話し方ひとつで、人生は得もするし、損もする。
どうせなら、得する話し方をしたほうがいいと思いませんか？
この本では、そんな「得する話し方」をご紹介します。

ここで、自己紹介をさせてください。
ぼくはこれまで、編集者、広告プランナー、作家、心理カウンセラーと、つねにコミュニケーションを仕事にしてきました。

「伝えることのプロフェッショナル」として、24時間365日「言葉によって人の心がどう動くのか」ということばかり考えて過ごしています。

いまでは、「話し方のプロ」「コミュニケーションのプロ」として執筆・講演していますが、実は、以前は話すことがとても苦手でした。むしろ話し方についてはぜんぜんダメだったという自覚があります。

たとえば、大学生のときに、よく友人に対して「キツすぎるツッコミ」をしていました。「お前、それって〇〇だろ！」「それ、おかしいだろ！」ぼくとしては、笑ってくれるものだと思って「ツッコミ」をしていたのですが、返ってくる反応はさんざんでした。みんなに「なんか怖い」と言われたのです。

話し方が課題だと気づいたぼくはその後、飲み会の席で意識的にコミュニケーションの訓練をしました。「ああ、こういうのがウケるのか」「こういうのは嫌がられるのだな」と検証しながら、場数を踏んでいったのです。

やがて少しずつ成功体験が増えていき、自信がついていきました。

カウンセラーを志すようになってからは、さらに話し方について学びました。

これまでは「上手に話すこと」が「いい話し方」だと思っていたのですが、そうではないことを思い知らされたのです。

たとえばキャリアの相談で「会社をやめたいと思ってて」と相談されたとします。

普通は「なぜやめたいんですか？　やめてやりたいことはあるんですか？」などと聞きたくなるでしょう。しかしこれは、カウンセリングではありません。

理想的な反応は「会社をやめたいんですね……」です。つまり、相手の話したことを繰り返してあげる。寄り添ってあげることが求められるのです。

人はついつい、アドバイスしたくなってしまいます。それは「何かしてあげなきゃ」という思いからでしょう。それでも「ああ、わかります。ぼくなんかは……」と自分の話をしてしまうのは最悪。グッと自我を押し込めて話すことが大切なのです。

最近ではずいぶん、話し方で得することも増えてきました。

先日は、奥さんが、朝の支度のときにどの靴にしようか悩んでいました。

ぼくは内心「早く行ったほうがいいよ。電車に間に合わないよ」と思っていました。むしろ「靴なんかどっちでもいいよ」というのが本音でした。

しかし、そんなことを言ってはもちろんケンカになります。おまけに靴も決まらず、電車にも間に合わないことは目に見えています。

そこでぼくがした返事がこれです。


「(本気のトーンで)うーん、どっちだろうね……。黒もいいし、茶色もいいなあ。ちょっともう一度、黒、履いてみて!」


要は、相手よりも本気で悩み、自分ごととして考えてあげるのです。

「今日の服には、黒がいいと思うよ」などとアドバイスをしたくなるところですが、グッと我慢です。このように本気でぼくが悩んだことで、奥さんは納得して自分で靴を決めることができ、遅刻することなく出かけていきました。

こういう場合、話し方の素人は「どっちでもいい」と言ってしまいます。セミプロは「黒がいいんじゃない？」などとアドバイスをします。プロになると「どっちだろうね」と本気でコミットすることで、相手を動かすのです。

この本は、そんな「得する話し方」の決定版です。

そもそも話し方が苦手だったぼくが、あらゆる失敗を繰り返し、経験を重ねて、身につけてきたノウハウを詰め込んでいます。

同じ数秒でも「どう話すか」によって人生は天国にも地獄にもなります。

言葉を制するものは人生を制するのです。

ぜひあなたも「損する話し方」から「得する話し方」にチェンジして、人生を好転させてください。

※本文中で紹介している「好印象度・悪印象度」は、各項目の「話し方」について、全国の20代～60代男女へアンケート調査を実施し、結果をまとめたものです。

もくじ

はじめに 3

第1章 家庭・友人編

この話し方で、
モメない！ 信頼される！

01
損 相手の話をきっかけに自分の話をはじめる
得 相手が話し始めたら「聞き役」に徹する
20

02
損 「要するに○○でしょ」と相手の話を要約する
得 「そうなんだ」と共感しながら話を最後まで聞く
24

03
損 すぐに質問をはさんで話の腰を折る
得 相手の話をすべて聞いてから質問する
28

04
損 やたらと「なるほど」を連発する
得 黙ってうなずく
32

05
損 相手の悩みを「よくあることだよ」で片付ける
得 相手の悩みを「一緒に考えよう」と共有する
36

06
損 沈黙を埋めようと慌てる
得 沈黙を怖がらない
40

07
損 わずかな情報で勝手に決めつける
得 じっくり話してわかろうとする
44

08
損 「私なんて」「私だって」が口ぐせ
得 「私は」と話し始める
48

09
損 自虐と見せかけて自慢をする
得 「ほめて！」と言ってから素直に自慢する
52

10
損 思わせぶりにかまってほしがる
得 「かまってほしい」と素直に言う
56

11
損 ほめられて「そんなことないですよ」と否定する
得 ほめられたことをきっかけに会話を広げる
60

12
損 上から目線でほめる
得 純粋な気持ちでほめる
64

13

損 「毒舌」を売りにして人の悪口ばかり言う

得 長所を見つけてポジティブなことを言う

68

14

損 思い込みが強く押しつける

得 考え方が柔軟で人に押しつけない

72

15

損 自分のことばかり考えている

得 相手の反応や変化を意識して見ている

76

16

損 なんでもロジカルに解決しようとする

得 「理屈」と「共感」を使い分ける

80

第2章

飲み会・デート編

この話し方で、
いつも誘われる！　モテる！

17
損　出欠の返事が遅い
得　とりあえず即答する
86

18
損　内輪だけで盛り上がる話をする
得　みんなで盛り上がる話をする
90

19
損　「自分」の言葉で話す
得　「相手」の言葉で話す
94

20
損　食へのこだわりをアピールする
得　「なんでもいい」とみんなに合わせる
98

21
損　お店のスタッフに横柄な物言いをする
得　お店のスタッフに気づかいができる
102

22
損　盛り上げるために下ネタを言う
得　とにかく性的な話題は避ける
106

23
損　自分のことをひた隠しにする
得　適度に自分の話をする
110

24
損　「忙しい」が口ぐせ
得　「おもしろそう」が口ぐせ
114

25
損　「また誘ってください」と言う
得　「次は私がお誘いします」と言う
118

26
損　外見と中身にギャップがありすぎる
得　「見たまんま」の中身
122

27
損　「本当の自分」をわかってもらおうとする
得　その場に合った「キャラ」を演じる
126

28
損　無表情でつまらなそうにする
得　大きなリアクションで楽しそうにする
130

第3章

職場・ビジネス編

この話し方で、評価が上がる！できる人になる！

29
損 あいまいに話す
得 具体的に話す
136

30
損 自分で考えず、細かな指示をあおぐ
得 自分で考えて、逐一報告をする
140

31
損 前置きが長い
得 すぐ用件に入る
144

32
損 丸投げしたあとに文句を言う
得 自分でイメージしてから依頼する
148

33
損 連絡が遅い
得 連絡が早くてマメ
152

34
損 言い訳ばかりして謝らない
得 まず謝ってから理由を添える
156

35
損 問題点ばかり指摘する
得 いいところを指摘する
160

36
損 業界用語やカタカナ語ばかり使う
得 だれでも理解できる言葉を使う
164

37
損 人の名前を間違える
得 名前を呼びながら会話する
168

38
損 うわさ話をやたらとしたがる
得 うわさ話に関わらない
172

39
損 「あなたのためを思って」と説教をする
得 「私はそれはよくないと思う」と率直に伝える
176

40
損 ちょっと叱られるとすぐに落ち込む
得 叱られてもケロッとしている
180

41
損 自分だけの手柄のように自慢する
得 まわりへの感謝をふだんから口にする
184

42
損 自己満足な「おせっかい」をする
得 さりげなく「気づかい」ができる
188

43
損 いきなり「結論」だけを言う
得 「途中経過」も説明する
192

44
損 小声でネガティブなことを言う
得 大きな声でポジティブなことを言う
196

第4章 ちょっとした言い換えで「得するフレーズ」厳選15

あとがき 218

第1章

家庭・友人編

この話し方で、
モメない！ 信頼される！

01

得 する人

相手が話し始めたら
「聞き役」に徹する

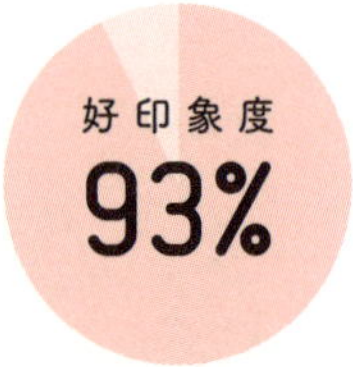

損 する人

相手の話を
きっかけに
自分の話を始める

たとえば、あなたが友だちと会話をしているとしましょう。

友だち「先週バーベキューに行ったんだけどね」
あなた「へえ、バーベキューかぁ！　そういえば最近行ってないな。もう2年くらい行ってないかも」
友だち「……そ、そうなんだ。でね、バーベキューに行ったらね」
あなた「あ、でも、バーベキューってけっこう準備とか大変だよね。結局、お店で飲むほうが気楽で好きだなー。そうだ、屋上で飲めるビアガーデンがあってさ……」
友だち「……」

どうでしょうか？

バーベキューに行った話を始めた友だちは、もっといろいろと「あんなトラブルがあった」「こんな楽しいこともあった」と話したかったはずです。

ところが、あなたは「バーベキュー」というキーワードに勝手に反応して、「自分は最近行ってない」「バーベキューは意外と大変」と自分の話を始めてしまいました。

友だちはイヤな思いをし、あなたへの好感度は下がりました。もう話したくないと思ったかもしれません。これは明らかに「損」な話し方です。

「話したがり」は嫌われます。

たとえば、会議などで「人の話を聞きながら、頭のなかでは自分が話すことを考えている人」はいませんか？「この話が終わったら、あの意見を言ってやろう！」「あ、こんなことも思いついちゃった！」「早く、自分の番にならないかな……」などと、次に自分が話す内容を考えているのです。

当然、一見聞いているようでいて、相手の話はまったく耳に入っていません。

そして、相手の発言が途切れるやいなや、「で、思うんですけど……」とそれまでの話題を踏まえずに、自分の言いたいことを語り出してしまうのです。

村上春樹がすすめるモテの極意

このように「話したい」人がほとんどのなかで「聞く姿勢」を持てば、あなたはそれだけで頭ひとつ抜けることができます。仕事はもちろん、恋愛などプライベートでもかならず得をするはずです。

聞き上手になるのが難しいという人は「聞くフリ」から始めてみましょう。黙ってうなずくだけでもいいのです。

テレビでサッカーを観ているとき、奥さんから話しかけられて「黙ってて」などと言うのは最悪です。「うん、うん」とまずはあいづちだけでもしましょう。

人が話している途中に言いたいことが思い浮かんだときは、ささっとメモをしておきましょう。「あ、これが言いたい」と思ったらさえぎるのではなくメモをする。そして、相手の話をきちんと聞いたあとに発言するのです。

作家の村上春樹さんも「女の子に寄り添って話を聞いているだけでモテる」と言っています。**話を聞いているだけで不思議と「あの人とは話があう」「話しやすい」、ひいては「あの人はおもしろい」とまで思われるのです。**

ぜひ「聞く姿勢」を身につけましょう。

得

ポイント

話を聞くだけで、誰からも好かれる

02

得する人

「そうなんだ」と共感しながら話を最後まで聞く

損する人

「要するに○○でしょ」と相手の話を要約する

「聞き上手」に見えて損しているのが「要約してしまう人」です。

「義母が子どもに会いたがって週末によく家に来るんですけどね……。『迷惑です』とも言えないし、困ってしまって……」

「なるほど。要するに、よくある嫁姑問題ですね。簡単ですよ。えっとですね……」

人の話を聞いて「なるほど、それってこういうことですね？」とすかさず要約して返せる人は、一般的には「頭がいい」「まとめ上手」とほめられそうなもの。

ところが、プライベートでのおしゃべりでこういう話し方をすると、相手はぐったりしてしまいます。

相手は「ただ悩みを聞いてもらいたい」「他愛のない話を共有したい」、そう思って話しています。なのに「それって、こういうことでしょ？」「つまりまとめると、問題はこういうことだよね」と得意気に要約をはさんでしまう。

これをやると、「この人、ぜんぜん共感してくれていないな」「単に自分の頭のよさをアピールしたいだけなのでは？」と思われてしまいます。

「まとめる」よりも「広げる」ほうが得する理由

得するのは「要するに」などと要約はせずに、ひたすらぜんぶ聞くことです。悩みを抱えている人の多くは、スピーディに解決策を提案してほしいと思っているわけではありません。まずは聞いてもらい、共感してほしいのです。「大変だったね」と気持ちに寄り添ってほしいわけです。

そこで、まずは意識して「そうなんだ」「そうですよね」「大変でしたね」といった共感の言葉を増やしてみましょう。「私はあなたの話を聞いていますよ」というメッセージが伝わることが、なによりも大切なのです。

話を「まとめる」方向に持っていくのではなく、逆に「広げる」「続ける」方向に持っていくことも「得」な話し方です。

「義母が子どもに会いたがって週末によく家に来るんですけどね……。『迷惑です』とも言えないし、困ってしまって……」

「困っちゃいますよね。姑さん相手だと、つい遠慮しちゃうし……」
「そうなんです、そうなんです！　それで……」

このように、相手がさらに話しやすいように誘導してあげる。すると相手は「聞いてくれている」と安心感を抱き、あなたへの信頼はアップするでしょう。

PTAの集まりで時間をオーバーしながら話しまくるおかあさんたち、講演会の質問コーナーでいつまでもマイクを離さないおじさんたち。

人はみな、話を聞いてほしいのです。そのときあなたが聞き上手になることができれば、きっと「得」をするはずです。

得 ポイント

話を最後まで聞いてあげると、印象アップ

03

得 する人

相手の話を
すべて聞いてから
質問する

損 する人

すぐに質問を
はさんで
話の腰を折る

「聞く姿勢が大切」とお伝えしましたが、一方でやたらと質問をしてしまう人は、相手を疲れさせます。

「実は、夫が浮気してたことがわかって……」と相手が相談を始めると、「えっ、いつから？」とすかさず質問。相手が「それがね、実はちょっと前からおかしいとは……」と答えると、「相手はどんな人なの？」と立て続けに質問。さらに、「会社の同僚らしいんだけど……」という答えに対しても「その人って何歳くらい？」……。

このように、やたらと質問をぶつけて相手の話を中断させるのは、実に「損」な話し方です。

「質問をするのは話を熱心に聞いている証拠」と思うかもしれません。

人が親しくなっていく過程では、適度に質問をしながらお互いを知ることは大切でしょう。ただ、それは「ちゃんと相手の話を聞いている」ことが前提です。

そうでないと、

「実は、サーフィンが趣味なんです」

「どこでやっているんですか？」

「近くの○○海岸が多いですね」

「どなたと一緒に？」

「高校時代の友人が上手なので、教わっています」

「ご友人は前からやってたんですか？」


などと、会話が単なる「質疑応答」になってしまいます。ぼくも若いころ、知人の女性から「尋問みたい……」と言われたことがあります。いやはや未熟でした……。

質問っぽくなく質問する簡単テクニック

「聞く」といっても、英語で言う「ask（たずねる）」ではなく「listen（聴く）」の姿勢が必要なのです。


「実は、サーフィンが趣味なんです」

「ああ、サーフィンですか。いいですね」

「最近、高校時代の友だちに誘われて始めたんですけどね。そいつはもう十年以上やっていて、大会にもときどき出るくらいの腕前なんですよ」

こんなふうに、自然と話が深まっていくのが得するコミュニケーションです。

相手のペースで、相手の話を聞くことに集中するよう心がけましょう。どうしても聞きたいことがあったら「ちょっとひとつ、聞いてもいいですか？」「さえぎってしまってすみませんが……」とことわってからたずねるようにすると好印象です。

また、質問っぽくなく質問をするテクニックとして「相手の言葉を繰り返して、語尾を上げる」という方法があります。

「サーフィンが趣味なんです」「サーフィン？」「そう、千葉のほうでやってるんですけどね」と言うと、スムーズに会話が進みます。「質問に見せない質問」で相手を警戒させることなく、話を続けることができれば、それは「得」な話し方なのです。

得 ポイント

相手のペースで話させてあげると会話が続く

04

得する人

黙ってうなずく

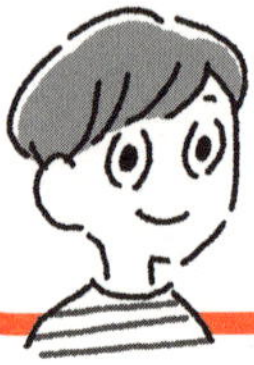

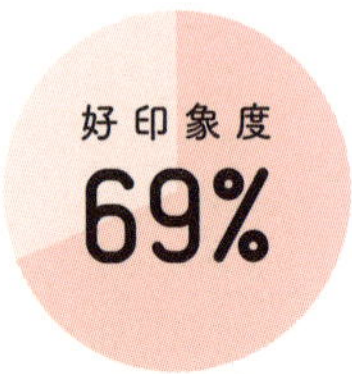

損する人

やたらと「なるほど」を連発する

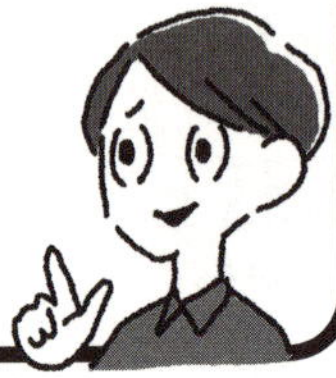

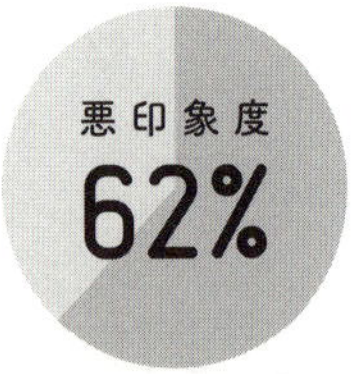

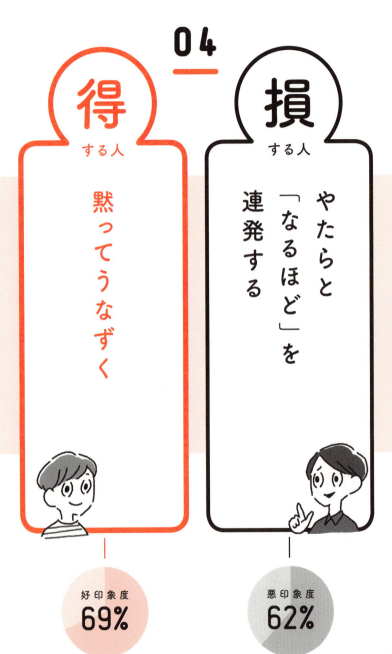

あいづちは「ちゃんとあなたの話を聞いていますよ」ということを相手に伝えるために必要なものです。

話していてもなんの反応もないと「伝わってるのかな？」と不安になりますし、さらには「この人ちゃんと私の話を聞いてるの？」と疑いたくなってしまいます。

一方で、ちゃんとあいづちを打たれているのに、話していてなぜか疲れてしまう人もいます。たとえば、しきりに「なるほど」を繰り返す人。実は、これは「損」な話し方なのです。

「なるほど」には、「あなたの話を理解しました」「納得できます」「共感できます」といったメッセージが込められています。本来は、好ましいあいづちのはずです。

しかし、あまりにも繰り返してしまうと嫌がられます。

「なるほど」を繰り返すことで、「理解しました」というニュアンスから「はいはい、理解しました」「わかりましたってば」、果ては「わかったから早く切り上げてください」などというプレッシャーを与えてしまうからでしょう。

たたみかけるように「なるほど、なるほど」と言うと、急かしている感じになってしまいますし、軽薄な印象にもつながります。逆に「ほんとに聞いてくれてるのかな？」と思わせてしまうでしょう。

気の利いたあいづちより使える2つのワザ

「なるほど」を多用しがちな人は「オウム返し」をしてみましょう。

「……というあたりが問題なんですよ」
「問題なんですね」

「ひどい目にあっちゃったよ」
「ああ、ひどい目に……」

すべてを繰り返さなくても、相手の発言の一部を繰り返すだけで、相手は「聞いてくれている」と安心して、話を続けやすくなります。

意外と多くの人ができていないのが「うなずき」です。

優秀なカウンセラーは10分のカウンセリングのあいだに3つくらいしか言葉を発しません。「そうなんですね」「嫌なんですね」「そうですか」くらいです。あとは「あー」とか「はいはい」など、余計な言葉は発せず、ひたすら黙ってうなずいています。

人はつい、あいづちを打たなければいけないと思ってしゃべるのですが、実は黙ってうなずくだけで「聞いてくれている」という安心感を相手に与えられます。

「なるほど」そのものがいけないわけではありません。単調に繰り返すことによって相手に悪印象を与えてしまうことを避けたいのです。あいづち上手になるためには、あいづちのバリエーションを増やす、もしくは、黙ってうなずくことで「得」な話し方になるはずです。

得
ポイント

黙ってうなずくだけで、相手は安心する

05

得 する人

相手の悩みを「一緒に考えよう」と共有する

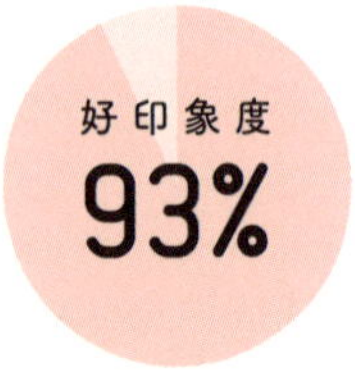

損 する人

相手の悩みを「よくあることだよ」で片付ける

「……というわけで、本当にどうしたらいいかわからなくて。つらいんだよね」
「なるほどね。でもさ、そんなことはよくあることだよ。俺だってさ……」

グチを言ったり、悩みを相談したりする人は「共感」を求めています。共感してもらうことで少しでも癒やされたいと願っています。

ところが、親身になって相談を受けているつもりで、相手を疲れさせてしまうのがこの話し方です。つまり、「そんなのよくあること」という慰め方は、損をします。

せっかく自分にとって大変なことを話しているのに、「仕事ってそういうもんだよ」「家庭ってそういうもんだよ」「そんな悩みはよくあることだよ」などと簡単に片づけられて、いい気持ちになる人はいません。おまけに「俺だって……」と話題を取られようものなら、「もう相談したくない」と思ってしまいます。

悩み相談でやってはいけない2つのこと

悩み相談を受けるときの鉄則を2つあげておきます。

まず、アドバイスしない。

これは先ほどの「よくあることだよ」と関連します。よく見かける「おばちゃんの人生相談」は「結婚なんてそんなものよ。私だってね、最初の離婚のときは……」と自分の経験だけをもとにしたアドバイスに流れがちです。言われたほうは「あなたに何がわかるの？」とカチンときてしまうでしょう。

極端ではありますが、いっそのこと「アドバイスは絶対にしない」と決めてしまうことをおすすめします。

大切なのは「どうだろうねえ」「どうしたいの？」と一緒に考える姿勢を見せること。対面で向かい合うのではなく、一緒に同じ方向を見ること。その姿勢が大切です。

そして、**相手がすべて話し終わるまで、自分の話やアドバイスはしない。**ちょっと相手の話を聞いてはすぐに自分の話をする人がいますが、たいていの場合、タイミングが早すぎるのです。自分の話をするのであれば、じっくりと「もう話すことがない」というくらいに話を聞いてあげたあとにしましょう。

鉄則のもうひとつは「問いたださない」ことです。

たとえば、「フラれちゃってさあ」→「なんでフラれたの？」、「街中で突然絡まれた」→「いつ？　どんな人？」といった詰問口調は禁物です。

相手が気持ちを表現するのに精一杯なのに、ついつい自分の好奇心を優先してしまうのがこの聞き方。相手にしてみれば「理由なんてどうでもいいだろ」「とにかく怖かったっていう話をしたいのに」と、話の腰を折られた気分になってしまいます。

悩み相談についてよく言われることで、「たいていの場合、答えは相談する人のなかですでに決まっている」ということがあります。カウンセリングの現場でも、実際そう感じることはよくあります。

最終的に相手が「まあ、目の前のことをひとつひとつやっていくしかないって、わかっているんですけどね」と自分で話し出す、そのための手助けこそが「究極の悩み相談」と言えるでしょう。

アドバイスしない。問いただささない。「得」する話し方の鉄則です。

得

ポイント

一緒に考えてあげると悩みは自然に解決する

06

得する人

沈黙を怖がらない

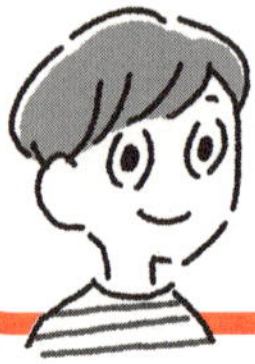

|

好印象度

91%

損する人

沈黙を埋めようと慌てる

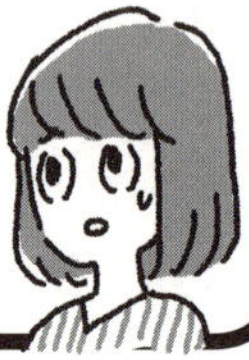

|

悪印象度

67%

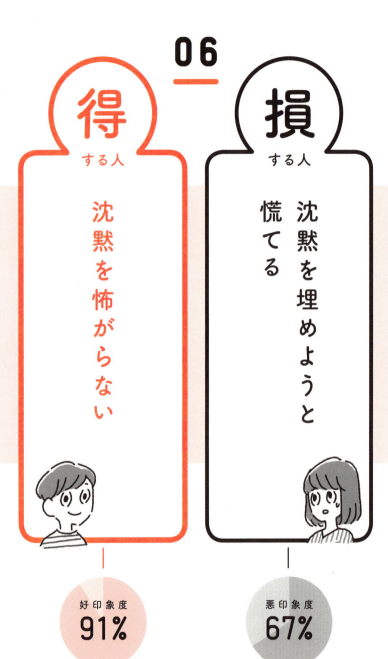

「なるほど、そうなんですね……」

「ええ、そうなんですよ……」

「(まずい！　沈黙になる……そ、そうだ) お子さんはいらっしゃるんですか？」

「えっ(急に？)」

「会話が途切れるのはまずい」「とりあえず何か言わなくては」と考えてしまう人は多いはず。「沈黙恐怖症」とでもいいましょうか。これは、「損」する話し方です。

無理に話をつなごうと質問を連発すると、尋問のようになってしまいます。かといって、自分の話ばかりすると、印象もよくありません。また、つねに沈黙を埋めようとかまえている人は「余裕のない人」に見えて魅力的ではありませんよね。

よって、**いちばん得をするのは「沈黙を怖がらない」話し方です。**

会話はお互いが気持ちよくコミュニケーションするために行うもので、つねにどちらかが言葉を発していなければならない、というルールはありません。「盛り上げよう」という姿勢は不要な場合が多いのです。

無理に沈黙を埋めようとすると、相手が話そうとするのを妨げてしまう場合もあります。

いちばんの特効薬は「リラックス」

そもそも、会話のタイミング、考えるテンポは、みんな違います。

相手が黙り気味のときであっても、これから話すことをじっくりと考えているだけかもしれません。ゆっくりじっくり考えて、「とつとつ」と話す人もいます。

会話がゆっくりになってきたときには、沈黙を怖がらず、それでも相手の話への集中を途切らせないようにしましょう。黙って笑顔で「それで?」と促すのも効果的です。

自分も相手も「心地いい」と感じる会話とは、「リラックス」した会話です。

どちらかが「沈黙を埋めなきゃ」と緊張してのぞんでいては、会話はリラックスしたものになりません。

あなたが緊張すれば、それはかならず伝わり、相手も緊張します。

ですから、沈黙を怖がらないというだけでなく、上級テクニックとしては、落ちついて話ができる環境をつくることも意識してみましょう。

たとえば座席の位置。

正面で向き合うと相手のどこを見ればいいのか困る、という人も多いでしょう。視線が交わると「何か話さなきゃ」という気持ちが高まってしまいます。そういう場合にはカウンター席のように並んで座れる場所を選ぶといいでしょう。

聞き上手になろう、会話をリードしようと、自分がパニクってしまうというのは避けたい状況。落ちついて話を聞くためには、自分のコンディションについても十分気を配ることが必要なのです。

得 ポイント

落ちついて話せば、気まずくならない

07

得する人

じっくり話して
わかろうとする

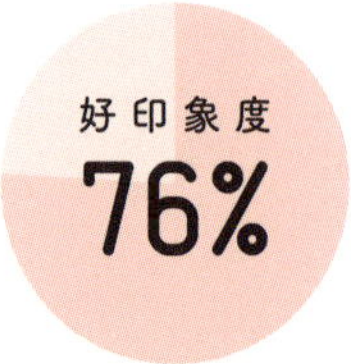

損する人

わずかな情報で
勝手に決めつける

わずかな情報だけで勝手に決めつけるのは、「損」な話し方です。

「バブル入社組だから信用しないほうがいい」
「あの人はB型だからジコチュウだ」
「イケメンだから遊んでそう」

といったように、見た目や属性だけでその人の考え方や行動のタイプを決めつけたがる人は多いですが、言われた人も、まわりの人もいい印象は抱かないでしょう。特に「ネガティブな決めつけ」は誰も得しません。

似た例として、なんでも「過去のトラウマのせい」にする人もいます。
「○○部長って、女性社員にやたらと厳しいよね。昔ひどい失恋でもしたんじゃない？　そのときのトラウマのせいよ、きっと」
「トラウマ」というと一見もっともらしいのですが、わずかな情報で勝手に決めつけているという意味では、変わりません。

人は「わからないもの」を本能的に恐れます。また、わからないものを一から観察して理解することをめんどくさがります。

だから、人であろうとモノであろうと、自分があらかじめ持っている枠組みにあてはめてわかろうとするのです。たしかにそうすればラクチンでしょう。

しかし、その根本は「あの子は育ちが悪いからあんなことをするんだ」とか「お父さんがいない子はやっぱりダメね」といった、最低の決めつけ・偏見と変わりません。

気の利いたことを言ってわかったつもりになっても、それは相手にとっては決めつけであり、偏見であり、場合によってはハラスメントにもなりうるのです。

まわりの悪口に乗せられないコツ

それではどういう話し方が「得」なのでしょうか?

まず、わからないものは「わからない」と認めることです。人はいろんな顔を持っていますし、ちょっと話しただけでその人をわかろうとするのは不可能です。

ですから、姿勢としては「あなたはこういう人なんですね」ではなく「あなたってどういう人なんですか?」のほうがいいのです。

わからないものはわからない。それ以上、強引に枠にはめようとしないことです。
そして、わからないなら、わかろうとじっくりコミュニケーションを重ねていくことが大切です。

周囲の誰かが「決めつけ」をしてきたときも「わからない」と返せばいいでしょう。

「あの人って整形だよね？」「うーん、わかんない」

「あの人ってA型だから細かいのかな？」「そうだなー、わかんない」

「これってこうだよね」と早合点してわかったつもりになるより、「なんでこうなってるんだろう？」と好奇心を持つほうが「得」をするはずです。

得ポイント

相手に興味を持つと、関係が深まる

08

得 する人

「私は」と
話しはじめる

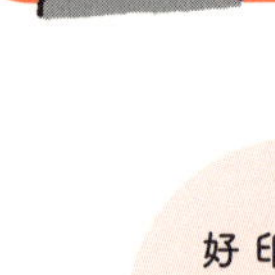

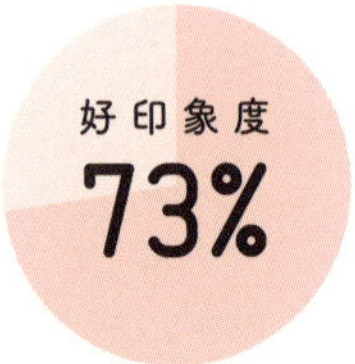

損 する人

「私なんて」
「私だって」が口ぐせ

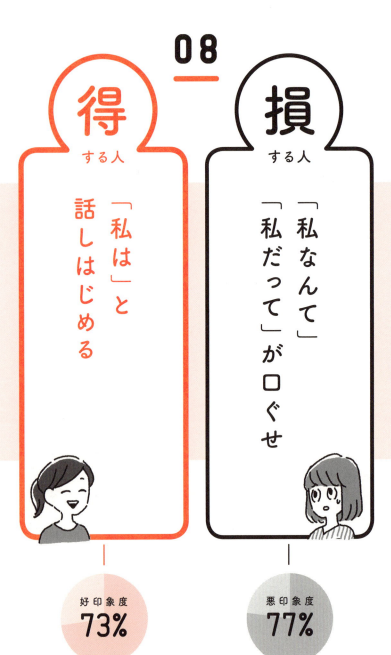

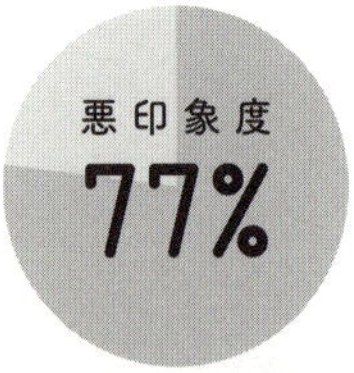

「昨日髪切ったんだ！」

「かわいいね！　私なんて顔が大きいからショートとか絶対無理！」

「そんなことないと思うけど」

「いやいや、私ってほら、地味な顔立ちだし、かわいげがないっていうか」

「そんなことないって……」


このように「自分を卑下する」のがクセになってはいませんか？

「私なんて……」を連発する。そのあとには「かわいくないから」「頭が悪いから」「仕事できないし」「みんなに迷惑かけてばっかりだから」と続きます。

「私なんて」は「そんなことないよ」とフォローしてくれることを期待している言い方。それが透けて見えるから、聞かされるほうとしては「めんどくさいなあ」と疲れてしまいます。これは明らかに「損」な話し方です。


謙虚にへりくだっておけば「バッシングされにくい」というメリットはあります。「私なんて」が口ぐせの人は、ひたすら敵をつくらないようにするのがクセになっているのです。

「めんどくさい人」の共通点

この言い方には「セルフハンディキャッピング」の要素もあります。

セルフハンディキャッピングとは心理学の用語で、たとえば「今日は二日酔いで調子が悪いから……」「今回のテストは本気で勉強しなかったから……」などと、「うまくいかない」要因を先にアピールして「予防線」を張る行為です。

結果的にうまくいったらラッキーだし、うまくいかないときに「ほら、言ったとおりでしょ？」と批判を避けることができます。

そのうえ、他人からの「そんなことないんじゃない？」というフォローももらえるし、うまくいったら「意外とやるじゃん！」と評価が上がります。**実によくできた仕組みですが、相手に気をつかわせますし、困らせます。**めんどくさい人、かまってほしい人という評価がついて、結果的に損してしまうのです。

「私なんて」がクセになっている人は、少しずつでも修正していきましょう。

「私なんて」と口に出しそうになったら「私は」と普通の言い方に直す。

「私は、仕事は遅いかもしれないけど、がんばります」
「私は、自信がないけど、自信を持つように努力してます」

といったように、最後は「ポジティブに」締めるだけで印象はグッとよくなります。

もうひとつは、**なるべく「相手の話をする」というのも手です。**

冒頭の例で言えば、「私なんて……」と言いそうになったら、すかさず無理にでも「○○さん、ほんと顔が小さいから」と相手のことについて話して、あいづちを打ちます。お世辞っぽさはぬぐえませんが、自虐してかまってもらうよりもだいぶクリーンでプレーンな印象になるでしょう。

得 ポイント

自虐をやめると、友だちが増える

09

得する人

「ほめて！」と言ってから素直に自慢する

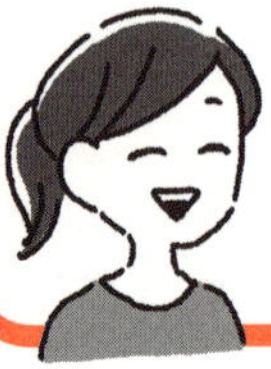

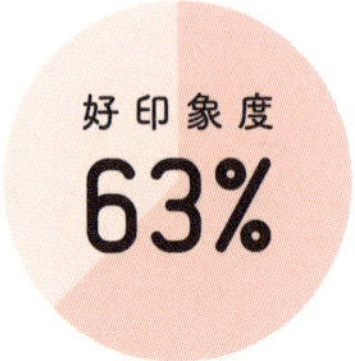

損する人

自虐と見せかけて自慢をする

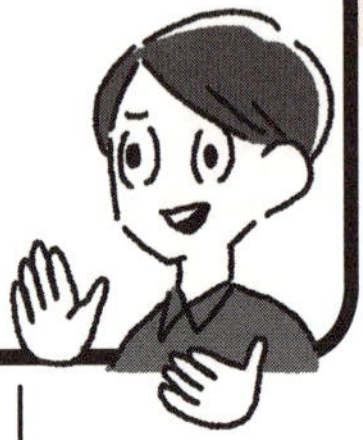

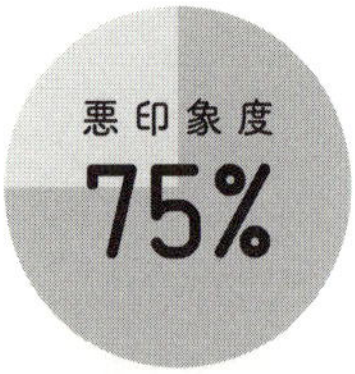

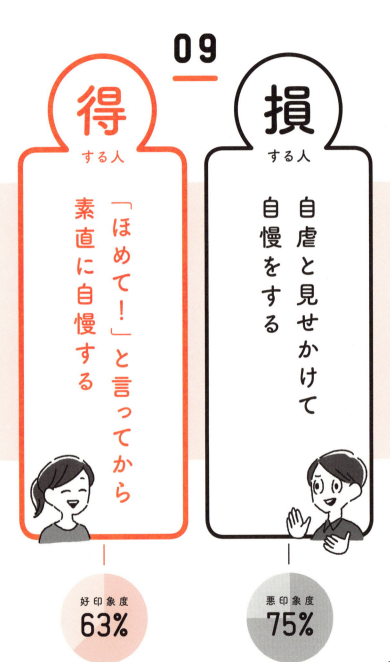

あからさまに自慢する人は損をする。それは多くの人が思うことでしょう。「自虐」と見せかけて実は「自慢」している人が、最近目につきます。

たとえば、

「会う人、会う人みんなに童顔だって言われるんですよねー。私ってそんなに、子どもっぽいかなあ?」

「ぜんぜん休みが取れなくって、寝不足気味だわ。ま、俺も好きなことを仕事にしてるわけだから、いいんだけどね」

いずれも、「童顔を嘆いているようでいて、若く見られることを自慢している」「仕事に追われていることをこぼしているようでいて、充実していることを自慢している」わけです。あなたもこういうコミュニケーションをしてしまってはいませんか?

お互いを傷つけないように気をつかい合っている日本では、声高に「若く見られて、いいでしょ?」「仕事が充実してて、いいでしょ?」と自慢することはまれです。

まわりから白い目で見られるのはイヤだけれど、羨ましがられたい。空気を乱したくないけれど、ほめられたい。そんな心理から「自虐」に見せた「自慢」をしたくなるのですが、聞くほうは、それが透けて見えるので疲れてしまう。

気をつかっているようで、これも実は「損」する話し方です。

うまくいっている夫婦のおバカな会話

ほめてほしいときは、まわりくどい「自虐」などせずに、はっきりと「ほめて」と言ったほうがスッキリするはずです。

具体的には、「ちょっと自慢していい？」とか、「ほめてほしいから話すんだけど」と最初に言ってしまいましょう。すると相手としても、「なんだよ、それ」と笑いながら、リアクションがしやすくて助かります。

「ほめて！」と素直に頼むかわいらしさ、健気さは相手の心をゆるめてくれるはずです。

うまくいっている夫婦の話を聞いたことがあります。その夫婦は普段こんなコミュニケーションをとっているのだそうです。

妻「ねー、肉じゃがが上手にできたよ！　ほめてほめて！」
夫「わー！　すごーい！」
夫「ねえねえ、お風呂掃除やってきたよ！」
妻「すごーい！　ありがとう！」

はたから見れば、いわゆる「バカップル」のようですが、この夫婦はケンカもなく、とてもうまくいっているそうです。

自虐などのトリッキーな方法でほめてもらおうと画策するのではなく、素直に「ほめて」と言う。そのほうが自分もまわりも気持ちよくなり、得するはずです。

得 ポイント

「ほめて！」と言えば、お互い気持ちいい

10

得 する人

「かまってほしい」と素直に言う

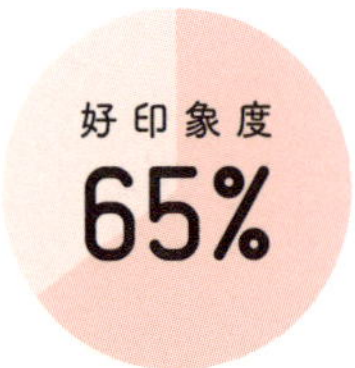

損 する人

思わせぶりにかまってほしがる

髪を切ったことに気づいてほしくて、思わせぶりに髪をいじる。誕生日であることに気づいてほしくて「今日何の日かわかる？」と聞く。飲み会に誘ってほしいのに何も言わずにまわりをウロウロする……。

こうした**「かまってちゃん」は多少ならいいのですが、度が過ぎるとうっとうしがられて損をしてしまいます。**

かまってほしいのに「かまって」と素直に言わず、相手が気づきそうな「罠」を仕掛けて待つというのは、プライドの高さの表れです。

もちろん、「かまってほしい」というのは人間の本能に近いものでしょう。人は「無視」されると傷つきます。自分の存在に気づいてほしい、認めてほしい。そういう気持ちの表れが「かまってほしい」というサインなのです。

それはわかるのですが、この「察する」「気づいてあげる」というアクションは、コミュニケーションとしてコスト（手間）がかかる。だから人によっては「めんどくさいな」と感じてしまうわけです。これは「損」な話し方です。

かまってほしい場合は「素直に言う」というのが得する話し方です。かまってほしければ、正直に、包み隠さず気持ちを言葉にしましょう。


「昨日、髪切ったんですよ!」

「あ、そうなんだ、いいねえ」

「今日、実は誕生日なんです!」

「え、おめでとう!」


これだけで、世の中はずいぶん平和になるはず。**プライドを捨てて相手を信じて、自信を持って素直に言ってみましょう。**

女子が「髪切った?」と言い合うホントの理由

逆にこちらから積極的にかまってあげれば、こうした思わせぶりな人は減るということもあります。そのときは「変化」を指摘するのがいいでしょう。

カウンセリングにいらした女性に「五百田さん、今日はエリのかたちが違いますね」と言われて驚いたことがありました。

その日はボタンダウンのシャツを着ていたのですが、たしかにその人の前では普通のエリのシャツが多かったのも事実。こういうちょっとした変化に気づいてもらえると、「見てくれている」と人は満足できるものです。

「あ、髪切りました?」「あれ? ○○さんって十月生まれじゃない?」と気づいたことだけでも、どんどん知らせてあげましょう。そうすれば、相手もうれしい、こっちもめんどくさくない、と、お互いに「得」をすることになります。

ちなみに、女性同士が「髪切った?」と言い合うのは、まさに「変化に気づいてますよ」「あなたに関心を持っていますよ」というメッセージです。本当に髪を切ったかどうかは、ポイントではありません。このあたりの「友好サインの交換」は、男性よりも女性のほうが優れているような気がします。

得

ポイント

素直にアピールすれば、かまってもらえる

11

得する人

ほめられたことをきっかけに会話を広げる

損する人

ほめられて「そんなことないですよ」と否定する

「そのシャツ、かわいいですね」「いえいえ、そんな……」

「ほんと、お若いですね」「いや、そんなことありませんよ……」

ほめられたときに素直に認めると、「偉そうと思われるのでは？」と心配になる人も多いようです。

とはいえ、相手がせっかくほめてくれているのに「いやいや」「そんなことないです」と否定し続けるのは、かえって失礼になる場合もあるでしょう。

そもそも相手は「本気でほめたい」と思ってほめているとは限りません。むしろ、会話のきっかけであったり、潤滑油であったりする場合も少なくないのです。それなのに、ほめられたことを真に受けて「とんでもないです！」などといちいち謙遜していては、「別にそこまでほめたつもりはないけど……」とかえってめんどくさがられるかもしれません。

では、どういうリアクションが「得」なのでしょうか？

たとえば、**ほめられたら「話を広げる」というのはどうでしょうか？**

たとえば「その服、すてきですね」と言われたら「同じのを3枚持ってるんですよ」「これ、セールで買ったんです」「〇〇っていうブランドなんです」とリアクションしてみましょう。すると、「へえ、どちらのお店で買われたんですか？」「あ、もうセールの季節ですね」などと会話が始まるでしょう。

「趣味は何ですか？」という難問への正しい答え方

「ほめられる」のと同じように、反応に困るのが「趣味は何ですか？」という質問ではないでしょうか？

これも、会話のきっかけに過ぎません。かならずしも本当の趣味を答える必要はないのです。「映画は観るけど、趣味とまでは言えない。どうしようかな？」などと余計なことは考えなくていいのです。

「趣味は何ですか？」への答え方のコツとして、3パターンほど紹介しましょう。

ひとつは**過去の話をすること**です。「よくバレーボールをやってました」「高校のときはよく本を読んでました」といった具合です。

2つ目は**未来の話をすること**です。「今年はサーフィンに挑戦しようかと」「登山に興味があるんです」といった具合です。

3つ目は**最近の話をすること**です。「先週、テニスをしました」「昨日、釣りに行ってきました」といった具合です。

どれも、そのまま「趣味」ではないのですが、「なんでちゃんと趣味を答えてくれないんだろう」と思う人はいないでしょう。

「バレーボールやられてたんですね。最近はやられてないんですか？」

「釣りに行かれたんですね。どちらですか？」

などと会話が続いていくはずです。

「ほめ」も「趣味」もコミュニケーションの潤滑油、会話のきっかけに過ぎない。そのことを覚えておきましょう。そうすれば、「ほめられた、どう返そう……」「趣味なんてない。どうしよう……」などと困ることはなくなるはずです。

得

ポイント

ほめられた＝会話を広げるチャンス

12

得する人

純粋な気持ちでほめる

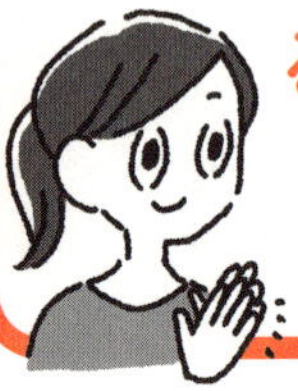

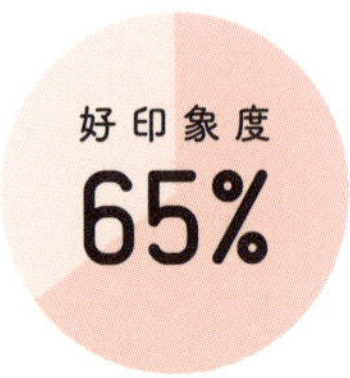

損する人

上から目線でほめる

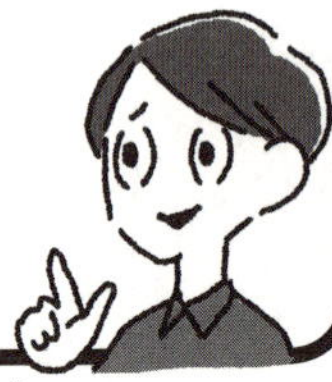

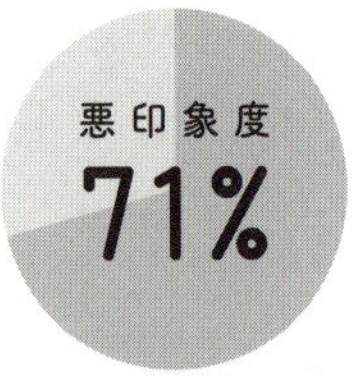

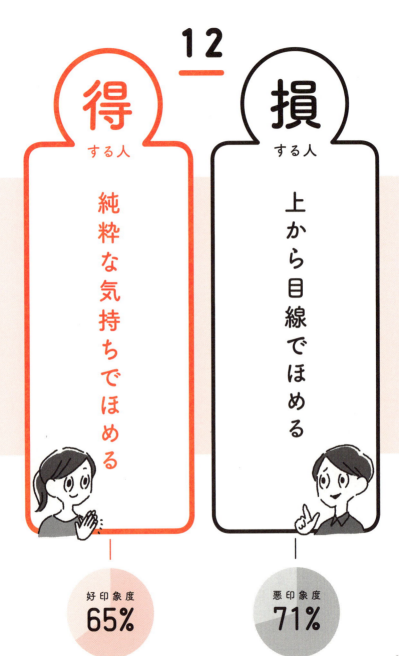

上手に人をほめるというのも、なかなか難しいものです。

せっかくほめたのに相手が喜んでくれない、それどころか不機嫌になってしまう場合もあります。ほめ方にも「損するほめ方」と「得するほめ方」があります。

たとえば、会社でのこんな場面。


「先輩、あの交渉うまくいったんですか？」

「ああ、おかげで契約とれたよ」

「さすがですね。先輩って、ほんと営業のセンスがありますよね」

「……」


このほめ方は損しています。

失敗のポイントは「上から目線」。職場の後輩が先輩の営業センスをほめるのは、メジャーリーガーの大谷翔平に向かって「キミ、野球うまいね」とほめるようなものです。プロはその道の技術に優れているのは当然。それを「うまいね」とほめるのは、上の立場からジャッジしているわけで、「そういうお前は何様なんだ」となってしまいます。

では、得するほめ方とはどんなほめ方でしょうか？

先輩に対して「さすがですね、先輩。マジですごいっす！」とでも言えば、先輩は「こいつ、ボキャブラリーが乏しいな」「見え透いたお世辞言うなあ」と感じるかもしれませんが、少なくともイヤな気持ちにはならないでしょう。

なぜなら、「マジですごいっす！」は上からの冷静なジャッジではなく、後輩が純粋に感じた「気持ち」だからです。

うまいかどうか、営業のセンスがあるかどうか、仕事ができるかどうか、については、それを語れる立場かどうかが問題になります。

一方、感じたことは誰でも語る資格がある。だから「マジですごいっす！」はOKなのです。

「あの映画、絶対見たほうがいいですよ」にイラッとするワケ

歌手に対して「歌がうまいですね」とほめたり、プロのイラストレーターに対して「いい絵ですね」などとほめたりするのは「バカにしているのか」と思われかねません。それは、言葉のなかに「いい／悪い」という上から目線の「評価」「判断」

「ジャッジ」が混ざっているからです。こうした「評価言葉」には要注意です。

そういうときは、素直に「感動しました！」など、思ったことをストレートに表現するほうが相手には喜ばれるはずです。

ですから、「いい／悪い」より「好き／嫌い」で評価するほうが得をします。

よく「あの映画、観に行ったほうがいいよ」「あのラーメン、食べておくといいよ」などと「いい」を使いがちな人がいます。そこには、上から目線の「評価」や「アドバイス」が垣間見えます。

そうではなく「あの映画、おもしろかったよ」「あのラーメン、ぼくは好きだな」といったピュアな話し方のほうが相手に不快感を与えません。

ちょっとしたことですが、ぜひ意識してみてください。

得ポイント

「いい」より「好き」のほうが好印象

13

得する人

長所を見つけてポジティブなことを言う

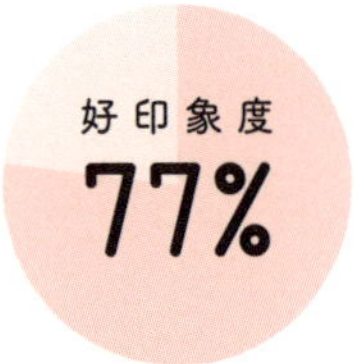

損する人

「毒舌」を売りにして人の悪口ばかり言う

いつも人の悪口ばかり言っていて、一緒に話すとぐったりしてしまう――。そんな人があなたのまわりにもいないでしょうか？

「○○さんって、ほんと使えない」などと、文句を言い続けるタイプです。

「毒舌」を売りにする人は、「あたりさわりのないことしか言えない普通の人とは、ひと味違う自分」というプライドを持っているふしがあります。

芸人やテレビのコメンテーターなど、「毒舌」をエンターテインメントにまで高められている人は、ごくひと握り。素人がそれを真似たところで、聞かされるほうはうんざりするだけです。

毒舌は言ってみれば「ジャンクフード」のようなもの。ジャンクフードはたまに食べるとおいしいですが、そのかわり、食べた翌日に吹き出物が出たりしますし、毎日食べ続けると確実にからだを壊します。

悪口も、たまにだったらその刺激は楽しいでしょう。「人が言えないことを言ってやった」という爽快感もありますが、**悪口ばかり言っていると、聞き手はもちろん、自分自身にも毒が回っていきます。**これは「損」な話し方に他なりません。

毒舌を含め、悪口を言うことで得することなど、実はひとつもないのです。その場ではスッキリするかもしれませんが、効果もその場かぎり。悪口を聞かされたほうは「この人は他の場面でも悪口を言っているのだろうか？　私のことも悪く言われているかも……」などと信用できなくなります。

飲み会などでも、悪口やグチは盛り上がります。「うちの会社ってほんとひどいよね」「部長って最悪だよね」など「仮想敵」をつくることで結束が高まるようにも思えます。それでも、やはり悪口は言わない。これに限るのです。

「いいこと」を探すほうがかっこいい

「得」する話し方は「ポジティブなことを言う」ということです。

いちばんわかりやすいのは「ほめる」ことでしょう。よく女性同士が会うと「あー、髪型かわいい！」「その服かわいい！」「その靴、すてき！」とほめあっていますが、あの姿勢は見習うべき。たしかにはたから見ると「ちょっと気持ち悪い」と思うかもしれませんが、これが案外あなどれないのです。少なくとも、ほめあっているうちは争いは起きませんし、お互いがいい気分になれます。

また、**つねに「いいこと」にスポットを当てるクセも大事です。**

映画を観ても、ラーメンを食べても「あれはおもしろくない」「おいしくない」などと評価を下す人がいます。厳しい目を持つ評論家になった気分にはなれますが「得している」とはいえません。

それよりも「おもしろかった」「ぼくは好きだった」とまっすぐにほめる人のほうが得をしますし、まわりをいい気分にさせるはずです。

得 ポイント

ポジティブな発言は、まわりを明るくする

14

得する人

考え方が柔軟で人に押しつけない

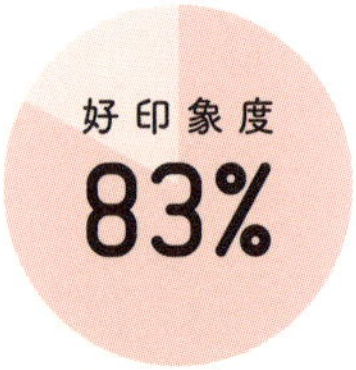

損する人

思い込みが強く人に押しつける

妙に自信満々で「こうだ」と決めつけ、曲げない人がいます。そういう人の口ぐせは「絶対にこうだ」「〇〇に違いない」といったものです。
思い込みが強く、自分の考え方に自信を持っていて「1を聞いたら10わかる」などと勘違いしていたりします。

自称「頭の回転が速い人」というのは、実は「頭がかたい人」だったりします。そういう人は、他人の話を「自分のフィルター」を通してしか聞いていません。
自分の考えやセンスと合う情報しか頭に入らない。それをさらに自分なりに変換して「要はこういうこと」と勝手に納得してしまうわけです。

たとえば、こんな人はいないでしょうか？
Aさんは、風邪が長引いて咳が残っています。

Aさん「ゴホゴホ……」
Bさん「え、風邪？」
Aさん「いや、咳だけがなかなか治らなくて……」

Bさん「それ肺炎だよ。早く病院行きなよ」
Aさん「いや、ちょっと咳が残るくらいなんだけど……」
Bさん「絶対肺炎だって。診てもらいなって」

Bさんは「咳だけ治らない」というAさんの話から、勝手に「肺炎だ」と断定しています。情報は「Aさんの咳が続いている」というただそれだけです。Aさんが「咳が残るくらいだ」とやんわり否定しても「絶対に肺炎だ」と譲りません。

この例に限らず、**ほんの少しの情報から勝手に全体を推理し断定してしまう人は、損をする人です。**「だから違うって言ってるのに。めんどくさい人だなあ」と思われてしまうでしょう。

逃れられない先入観とのつき合い方

得なのは、決めつけない姿勢です。

相手の話を深読みしすぎないこと。「さては、こういうことだな!」と憶測を差し挟まないように我慢します。事実だけをなるべくフラットに話を聞きましょう。

もし推理のクセ、断定するクセがあったとしても、相手に押し付けなければまだマシです。

「この人は肺炎に違いない！」と思っても「肺炎かもしれないね」くらいに留め、病院に行くことをすすめる。それなら相手も不快に思いません。

人間なので先入観はどうしてもあります。よくないのは先入観を曲げないこと、そして押し付けることです。なるべく柔軟な姿勢で、あらゆる考えを受け入れるようにしましょう。

得 ポイント

自分の考えを押しつけない人は好かれる

15

得する人

相手の反応や変化を意識して見ている

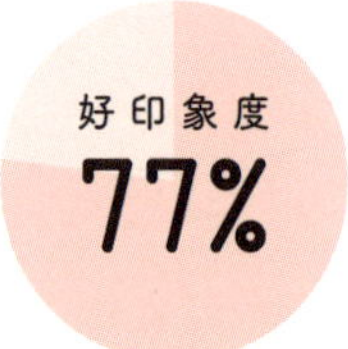

損する人

自分のことばかり考えている

自分しか見えていない人は「損」をし、相手をちゃんと見ている人は「得」をします。

恋愛でも、まわりが見えている人は好かれ、モテます。飲み会などでも、誰かのお酒がなくなったことにいち早く気づき、店員さんを呼べる人はやはり人気者です。

一方で、自分のことしか見ていない人は、余裕がなく嫌われてしまいます。

では、得する人になるためにはどうすればいいのでしょうか？

ひとつこんなエピソードがあります。

友人夫婦の家へ招かれたときのこと。その家庭には1歳半の赤ちゃんがいて、お母さんの声のかけ方に感心させられました。それは「見たそのままを言う」というもの。

赤ちゃんが立ったら「立った！」。

赤ちゃんが笑ったら「あ、笑った！」。

赤ちゃんがびっくりしたら「びっくりしたね～」。

赤ちゃんの言動をそのまま言葉にして赤ちゃんに伝える、ただただそれを繰り返すのでした。

このコミュニケーションのすてきなところは、まず「相手のことをちゃんと見ている」ところです。

私たちは日々、お母さんが赤ちゃんを見守るぐらいの熱意で、相手を見ているでしょうか？　きちんと目の前の人に注意を向けるだけで、「まわりが見えている人」と株が上がるでしょう。

「いいね！」をすべき本当の理由

子どもを見守るお母さんの例から学べる点の2つ目は、シンプルということ。人間関係において、とりたてて何かうまいことを言う必要はありません。**アドバイスするでもなく否定するでもなく、目で見たそのままを口に出して言う。**超簡単です。

たとえば、上司が部下に「元気そうだな」と声をかける。SNSで友だちの写真に「いいね！」ボタンを押す。ご近所さんに受験生がいたら、「○○君、がんばってますね」と声をかける。

いずれもたいしたことを言っているわけではないのに、「あ、この人はきちんと私のことを見てくれているんだな」と相手はうれしい気持ちになります。

相手の役に立つことを言おう、いいことを言おうとしてうっとうしがられる人とは対照的です。

ここで強調したいのがただ「相手のことを見る」だけではなくきちんと「見ていますよ」と伝えるべき、ということ。何事も言わなくては伝わりません。

「あ、髪切りました?」「新しい服ですね」「靴、赤いですね」など「見る」→「言う」の繰り返しでOK。感想や評価などはいらないのです。

シンプルな「見て、言う」をぜひ心がけてみてください。

得 ポイント

「見る」→「言う」だけで、十分喜ばれる

16

得する人

「理屈」と「共感」を使い分ける

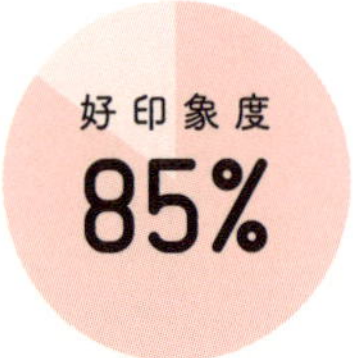

損する人

なんでもロジカルに解決しようとする

ある日、自宅の水道管が破裂し、家にいた妻は大変な思いをしたとします。

夜、帰宅した夫に「水道管が破裂して大変だった」と話すと、夫は「そういうときはすぐ修理業者を呼ばないと」と言います。

妻「でも、なかなか業者の電話番号がわかんなくて」
夫「だからそういうときのために、業者の電話番号を冷蔵庫に貼っておけっていつも言ってるだろう?」
妻「なんでそういう言い方するの? もういい!」

この場合、妻はまず「水道管が破裂して、いかに大変だったか」を聞いてほしいし、共感してほしいのです。

ところが、夫のほうは「水道管が破裂した場合にはどうすればいいか」「そのためには日ごろからどういう備えをすればいいか」といった理屈・対策を語ってしまっています。そこにズレがあります。

この夫のように「理詰め」でなんでも解決しようとする姿勢は「損」です。

共感してほしい相手の気持ちを受け止められず、ついつい理屈で返してしまう人は、ふだんから理屈っぽい話し方・考え方を仕事などでしている人。一般に「頭がいい」「冷静」などと言われることも多いはずです。

そういう人はふだん慣れている話し方、いわば「利き腕」だけで話してしまいがち。だから慣れない話し方をしようとしない。**まずかたちだけでもいいので、相手の感情を受け止めるクセをつけていきましょう。**

特に気をつけたいのが、冒頭のようなトラブルが起きたとき。もっとも「感情」「共感」が求められるシチュエーションだからです。

相手が「水道管が破裂しちゃって大変だった」と言ったら、「それで、どうなったの？」「もう業者は呼んだ？」などと言わず、まずは「それは大変だったね！」と受け止めましょう。

そのときにも、「水道管」という事柄に反応するのではなく、「大変」という感情部分に注目しましょう。それだけでも相手は「聞いてもらっている」「共感してもらえた」と感じます。

共感がNGなビジネスの現場

逆に**仕事の業務報告などは、「感情」ではなく「論理」が要求される場面です。**ここでは逆に「感情」に慣れている人が苦労することになります。

上司から「プレゼン、どうだった？」と聞かれたときに「いや～、ほんと大変でしたよ～。めっちゃ疲れました」などと、自分の気持ちにそって話すと「じゃなくて、うまくいったのか？」とイライラされてしまう。これもまた「損」な話し方です。

ここは「うまくいきました！　来月、詳細を詰めます」と理屈っぽく、スパッと話しましょう。

気持ちや感情ばかり話してしまう人は、仕事では「まず結論を言う」ことを心がけるといいでしょう。

得 ポイント

プライベートでは「共感」、ビジネスでは「理屈」を

第2章

飲み会・デート編

この話し方で、
いつも誘われる！ モテる！

17

得する人

とりあえず即答する

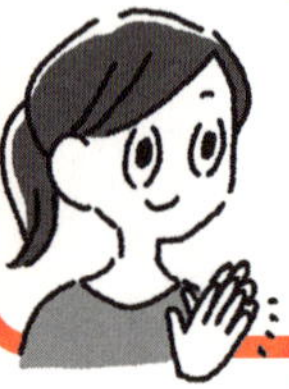

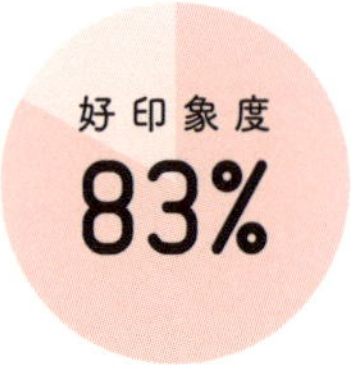

損する人

出欠の返事が遅い

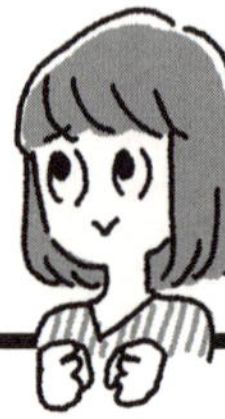

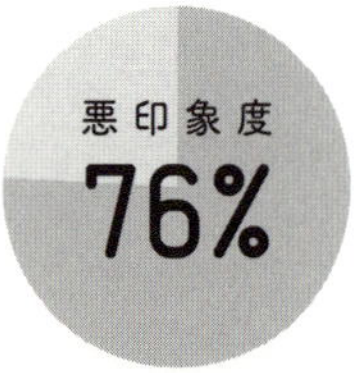

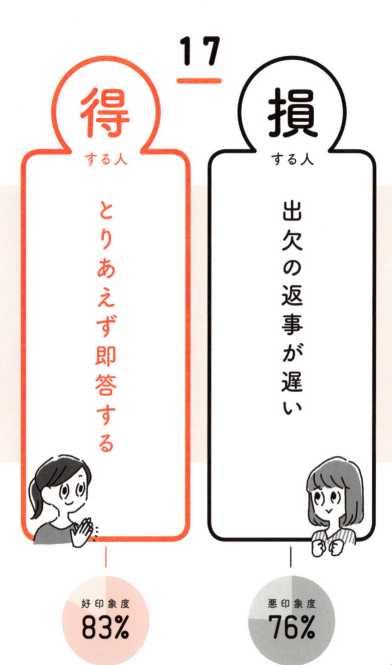

あなたが飲み会や食事に誘われたとします。そのとき、こんな答え方をしていないでしょうか？


「今週の金曜に軽く飲もうと思ってるんだけど、どう？」

「え？　金曜ですか。誰が来るんですか？」

「○○さんと□□さんはたぶん来ると思うよ」

「場所どこですか？」

「えーと、まだ予約してないんだけどね……」

「そのあと二次会に行く可能性ってあります？」

「いやあ、それはそのときになってみないと……」


誘いに対して「ＯＫかどうか」の返事は保留にしたまま、追加情報をどんどん求めてしまう。これは「損」な話し方です。

しかもメールやＬＩＮＥでこれをやってしまうと、とてもめんどくさがられます。「誰が来るんですか？」「会費はいくらくらいかかる？」などと何往復もした挙げ句、最終的に「今回はやめておこうと思います」と断ると「もう二度と誘わない！」と思われるでしょう。

誘うのだって手間がかかります。答えを先延ばしにされ、あれこれと情報を求められると、イライラしてしまう。こうした「相手を値踏みする」ようなコミュニケーションはやめるべきです。

「行きたいです」は万能ワード

得する話し方は、まず「行きます」と言うことです。「○月×日、どう？」と聞かれて、空いているのであれば「行きます」とすぐに返事をする。それだけで相手はずいぶん喜びます。

「行きます」と返事をしてから、心配なことがあれば、それを伝えればいいのです。

「行きます。……ただ、何時に仕事が終わるかわからないので、およその時間の目安を教えてもらえますか？」

「行きます。……ちなみにどういう人が来るんですか？　正直、ちょっと不安で……」

得 ポイント

すぐ返事をする人は何度でも誘われる

「行きます」と即答が難しければ「行きたいです」と気持ちを表明しましょう。すると誘ったほうも「ああ、この人は行きたいと思ってくれているんだな」とポジティブにとらえてくれます。誘う側は、とにかく早めに「意思」を知りたいのです。行けるのか、行けないのか。行きたいと思っているけどまだわからないのか。よって、「行きたいです！　ただ、まだ予定が見えないのであとでご連絡します！」

こう返事をするだけでも、だいぶ相手の印象はいいものになります。

では、すでに行けないとわかっているときはどういう断り方が得でしょうか？

まずは「お誘いありがとうございます」とお礼を言いましょう。そして、「楽しそうな企画ですね」とほめる。「お礼」と「ほめ」はいくら言ってもOKなワードです。「お誘いありがとうございます。楽しそうな飲み会ですね！　ただ、残念ながら……」と伝えれば、相手は悪い印象を持たず、また誘ってくれるはずです。

18

得する人

みんなで
盛り上がる話をする

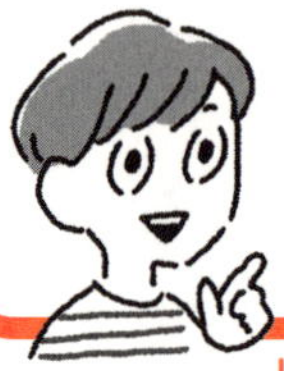

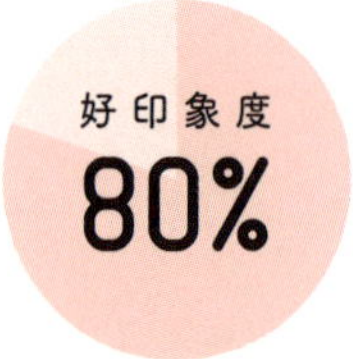

損する人

内輪だけで
盛り上がる話をする

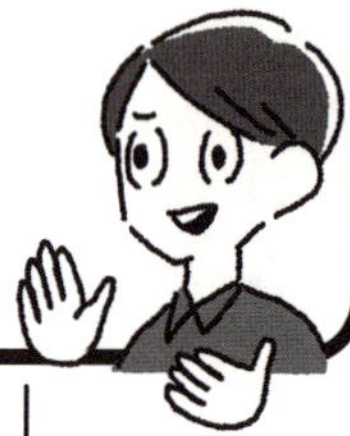

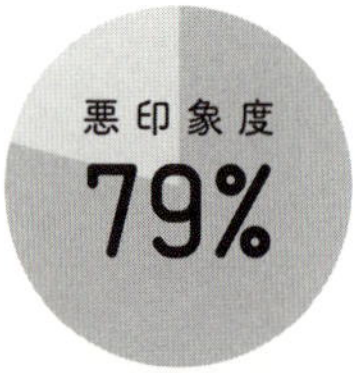

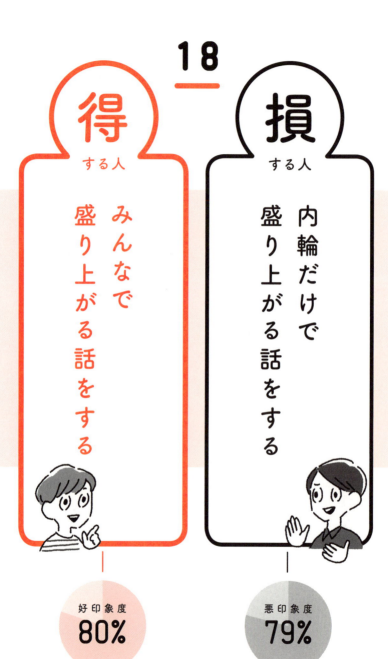

何人かで話しているときに、つい内輪ネタで盛り上がってしまうことはないでしょうか？

「あ、そういえば○○さんって結婚したらしいよ」
「え！　マジで！　誰と誰と？」

こういう会話は1対1ならもちろんいいのですが、その○○さんを知らない第三者がいるときに始めてしまうと、その人はさみしい思いをしてしまいます。

こういった、誰かを仲間はずれにしてコミュニケーションするのは「損」です。一部の人にしか通用しない「内輪ネタ」ばかり話している人は、当然「次からは誘わないでおこう」ということになります。

誘われない「損する人」にならないためには、みんなが集まる場では内輪ネタに走らないという決意が必要です。

もし初対面の3人が集まる場面で、共通の話題が天気くらいしかなければ、がんばって天気の話をしましょう。「天気の話なんてありきたりでつまらない」と思うかもしれませんが、ラクな内輪ネタに走るよりははるかにマシです。

「暑いですね、夏が始まりましたね」「今年は暑くなるのが早いですよね」と天気の話をしながら、なんとか会話が深まるきっかけを探していく。

やがて「やっぱり異常気象というやつなんでしょうか」「ぼく、大学のときに地球環境学科だったんです」「え？　本当ですか？」というふうに会話が深まっていくかもしれません。

どうしても内輪ネタを話したいときの裏ワザ

どうしても内輪ネタになってしまう場合でも、まわりに気をつかうのが「得する話し方」です。対処法としては、内輪ネタを「解説」することです。

「○○先生、覚えてる？」

「覚えてる！　（知らない人に）あ、○○先生っていうおもしろい先生がいて……」

解説された人が実際にわかるかどうかは問題ではありません。「仲間はずれにしない」というメッセージこそが重要なのです。

もしくは「一瞬、同窓会していいですか？」と聞いてしまうのも手です。そうすれば「どうぞどうぞ」となるでしょう。で、少し盛り上がったら同窓会は終わり。あとは共通の話題に戻します。

内輪のネタはラクですし、楽しいものです。**それでも、複数のコミュニケーションで大切なのは「みんなを大切にしていますよ」「ここにいるすべての人を見ようとしてますよ」という姿勢を示すこと。**

特定の人にしかわからない話題で盛り上がるよりも、多少盛り上がらなくても、みんなに好かれる話し方をしたほうが、結果的に「得する」「モテる」はずです。

得
ポイント

みんなで話そうとする気づかいがモテる

19

得する人

「相手」の言葉で話す

損する人

「自分」の言葉で話す

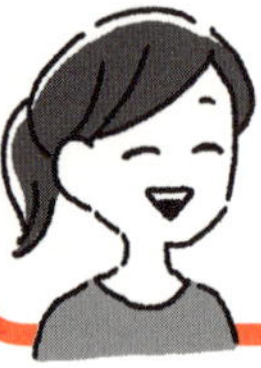

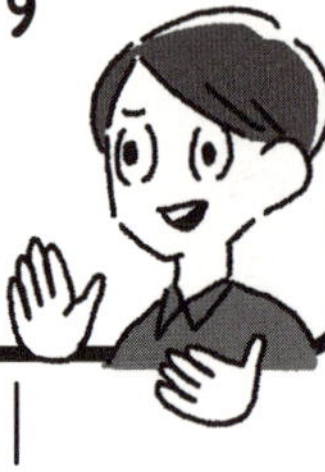

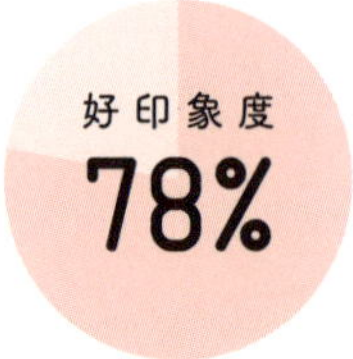

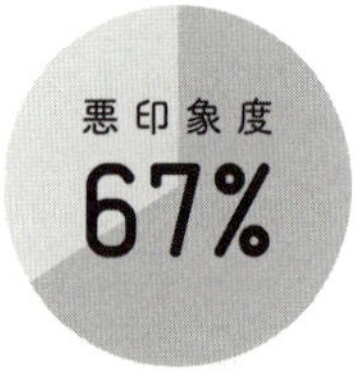

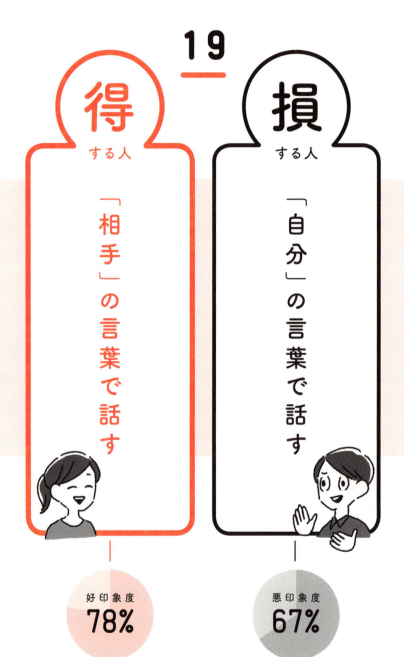

カフェでこんなふるまいをしていませんか？

「ご注文はお決まりで……」
「あ、ホット！」

または居酒屋さんでこんなふるまいをしていないでしょうか？

「すいませーん！　生中！」

些細なこと、と思われるかもしれませんが、飲食店に入ったときにメニューを見ずにこうした雑な注文をしてしまう人は「損」をしています。
こうした注文を聞いた店員さんは、「ブレンドコーヒーのホットだな」「プレミアム・モルツの生ビールを中ジョッキで、ということか」と、いちいちその店のメニューに「翻訳」して注文を受けなければなりません。
「それのどこが問題なの？」と感じる人は、要注意！

その店での言葉を使わずに「自分の言葉」で注文してしまうというのは、「相手に

合わせるつもりがない」という態度の表れだからです。それは店員さん以外の、他の人にも伝わります。

「お客様」としてふんぞり返って、相手に合わせない姿勢は、それを見ている人、その場に居合わせた人にも不快感を与えてしまうのです。

ぼくの友人に、酔っ払ってくると行く先々のお店で「きゅうりの一本漬けくださぃ！」と注文する人がいます。もちろんメニューは見ていません。

店員さんは「きゅうりの一本漬けはないのですが、おしんこ盛り合わせならありますよ」などと親切に対応してくれますが、本来であれば「まずメニューを見ろ」と言いたくなります。

このタイプの人は、どこまでも自分の言葉、ルールを押し通そうとします。なぜなら、そのほうが「ラク」だからです。「ラク」だけど、「損」をするというわけです。

「ガーリックたっぷり若鶏のからあげ」をどう注文する？

得な話し方は、きちんと店員さんの言葉で話すことです。

ぼくは「ガーリックたっぷり若鶏のからあげ」とメニューに書いてあれば「からあげ」ではなく「ガーリックたっぷり若鶏のからあげ」と言うようにしています。カフェでもメニューに「ブレンドコーヒー　ホット」とあれば「ホット！」などとは言わず「ブレンドコーヒーのホットください」と言います。

郷に入っては郷に従え。その場のルールをきちんと守る。とにかく、相手に合わせる。

こうしたちょっとした気づかい、姿勢が、好感を与え、得することになるのです。

得

ポイント

言葉を相手に合わせると、好印象

20

得する人

「なんでもいい」とみんなに合わせる

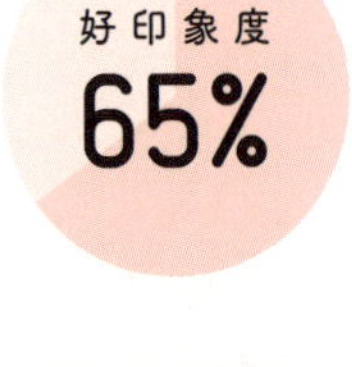

損する人

食へのこだわりをアピールする

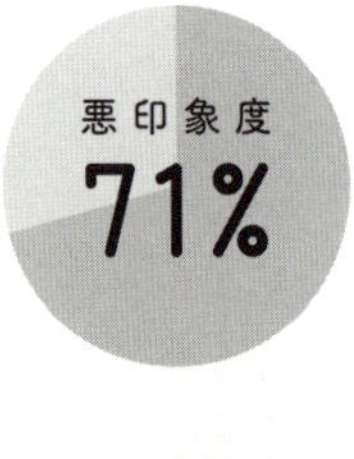

お店選びや、食事の席で「自分ルール」を押し通そうとする人も損をしています。やたらとこだわりが強く、どのお店に行ってもワインの銘柄を気にする人などは、その典型でしょう。

「私、ワインは酸化防止剤が入っていないのしか飲まないようにしてるの。赤ワインの安いやつとか、悪酔いするじゃない？」

もしくは、仕事が終わってみんなでご飯を食べに行くことになり「今日はピザなんかいいんじゃない？」という空気がなんとなく固まりつつあるときに、「今日は寿司がいい！」と自分の気分にこだわる人も困ってしまいます。

また、「ピザなら、これからタクシーで銀座まで行きましょう。いい店、知ってるんですよ！」などと言い出す人にも、「パパッと食べてサッと帰りたいんだけど」と言いたくなってしまいます。

みんなで食事をしに行く、飲みに行くというときには「そのメンバーで楽しく食事の時間を過ごすこと」がいちばんの目的です。「何を食べたいか」「雰囲気のある店かどうか」は、「優先順位が低い」わけです。

グルメでいつも美味しい店を探していたり、ワインの銘柄にこだわりがあったりすること自体は悪いことではありません。ですが、そういうこだわりを発揮するのは同じくらいワインにこだわりのある「こだわり仲間」と一緒のときだけにしましょう。

職場の仲間と食事に行くとか、学生時代の友人と飲みに行くといったときは「今日はグルメではなくて、みんなと楽しく過ごす日だ」と気持ちを切り替えて臨みましょう。

会話とグルメは「混ぜるなキケン」

コミュニケーションとグルメは別モノ。こだわりのせいでめんどくさがられてしまう人というのは、この2つを混同してしまっているわけです。

「今日は料理に舌鼓を打ってうんちくを傾ける日ではない。久しぶりに会った友人と楽しく会話ができればいい」と最初から考えていれば、たとえ好きなワインがリストになくても、出てきた料理が少々口に合わなくても気にはならないでしょう。

もうひとつ、お店に入っておきながら、何かと文句を言うのもNGです。

「あー、ここワイン少ないなあ」「牡蠣はちょっとねえ」などといったグルメぶった発言は、まわりの空気を悪くしてしまいます。いったんお店に入ったら、文句は言わないこと。ネガティブなことを言う人はいずれ誘われなくなってしまいます。

逆に、**得するのは「なんでもいいよ」と言う人です。**

もちろん、全員が「なんでもいいよ」では決まらないので、「じゃ、そこのイタリアンにします?」「和食の気分ですか?」など選択肢を示しつつではありますが、基本的には「みんなに合わせますよ」という心がけの人が、人づきあいでは得をします。

得

ポイント

こだわりを捨てると、誘われやすい

21

得 する人

お店のスタッフに気づかいができる

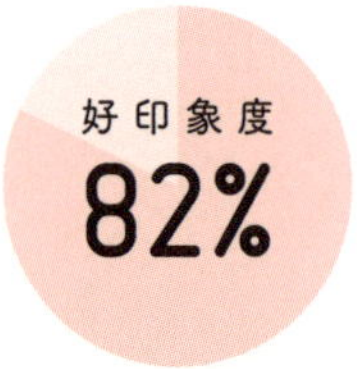

損 する人

お店のスタッフに横柄な物言いをする

「生3つ、まだ？」

「これ、注文したのと違うんだけど！　ちゃんと確認してよ！」

このように、お店で「客」という立場にあぐらをかいて態度が大きくなる人は、損をしています。

ふだんは楽しくて「いいヤツ」であったとしても、食事に行ったとき店員さんにぞんざいな言葉を使う。挙げ句の果てにはクレームをつけて「ほんと、なってないよね！」などと言い出す。これでは楽しい席が台なしです。

お店でのこうしたふるまいは「その人の本性」がいちばん出やすい場面です。**店員さんへの接し方がよくないと、店員さんがイヤな思いをするだけでなく、同席している人もイヤな思いをします。**そこに思いが至らないのは「損する人」です。

お店の側にもたまにこういう人はいます。

たとえば、厨房のスタッフに怒鳴り散らすシェフ。

「お前、ぜんぜんダメだな！　やり直し！　ったく……。で、何にしましょう？」と急に笑顔になられても、こちらは恐怖しか感じません。

タクシーの運転手でも、急にタメ口で話してくる人がいます。「どこまで？」とぞんざいに聞かれて、いい気持ちがする人はいないでしょう。

お店のサービスがぐっとよくなる㊙テク

得をするのは、どんな人に接するときも、相手を気づかいながら、丁寧に話すことができる人です。そして、その場にいるすべての人が気を悪くしないようにふるまうことのできる人です。

では、具体的にどういうコミュニケーションが望ましいのでしょうか？

まずは「ありがとう」と言うのは基本でしょう。

もうひとつのコツは店員さんを「名前で呼ぶ」ことです。

知り合いで、すぐに店員と仲よくなって得をしている人がいます。

「すみません！」ではなく、ネームプレートを確認して「○○さん！」と店員さんの名前を呼ぶ。そして「今日は○○さんにしか注文しないから！」などとリップサービスも忘れません。

あたりまえですが、そう言われると店員さんは親切になります。料理が少し多くなったり「お店からのサービスです」といって、おまけをしてくれる場合もあります。

店員さんに対してやさしくすると、人づきあいだけでなく、「実利的にも」本当に得をするのです。

お店できちんと気づかいができると、店員さんはもちろん好感を持ちますし、同席している人、一緒にお店に行った人、まわりの人もいい気持ちになります。

人にどう接するかを、周囲はかならず見ています。あなたがどういう人なのかを敏感に感じています。そこで気づかいができると、あなたの評価はグンと上がるのです。

得ポイント

店員さんへの気づかいはまわりにも伝わる

22

得する人

とにかく性的な話題は避ける

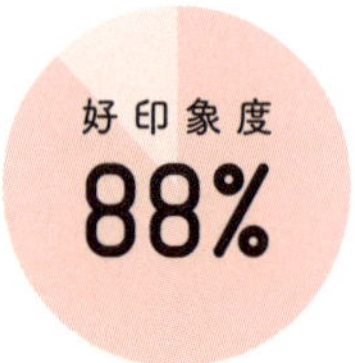

損する人

盛り上げるために下ネタを言う

ある飲み会に参加したときのこと。
初対面の人も多いその席で、ひとりの男性が「夜のお店」の話をノリノリで始めたことがありました。

「九州にこんなお店があってね……けっこう芸能人も来てるらしくって……」

その場にいた女性たちは、いちおうつくり笑いは浮かべながらも明らかに困惑顔。その空気を感じ取った男性たちも気まずそうに笑っています。
話している本人は、みんなが盛り上がるおもしろい話をしているつもり。これには困りました……。

言うまでもないことですが、**性的な話題は大人のコミュニケーションにはふさわしくありません。**たしかに男性だけで飲むときに下ネタを持ち出すと、距離が縮まったような感覚にはなります。バカな話で盛り上がるのが楽しい夜もあるでしょう。しかし、「親しき仲にも礼儀あり」という言葉もあります。仲よくするために下ネタを持ち出さなければならないというのは、逆に言えば「下ネタでしか盛り上がれない関係」ということ。コミュニケーションとしては二流です。

「イケメンくん」もセクハラです

性的な話題は、ハラスメントにもなり得ます。いやらしい話をして相手の反応を見る。性的な質問をする。これは明らかに嫌がらせであり、度が過ぎると「訴えられる」ということにもなりかねません。

人によっては、恋愛の話もイヤなものです。「彼女とどうなの？」「彼女いるの？」「彼氏いるの？」といった会話も、関係性を見極めて、きちんと気づかいができないと相手を不快にさせてしまいます。

見た目をネタにすることも、もちろん避けましょう。「かわい子ちゃん」や「イケメンくん」などといった呼び方もハラスメントにあたります。お笑い番組では、芸人さんが見た目をネタにして笑いをとっていますが、それを下手にマネすると危険です。

得

ポイント

下ネタは避けたほうが得策

得するコミュニケーションはとにかく「下ネタ」は話さない、ということです。**どんな場面であれ、どんなメンバーであれ、同性ばかりであっても、性的な話題は避ける。**これがいちばん無難です。

話題としては、食の話がおすすめです。ベタですが「好き嫌いある？」から始めてみてはどうでしょうか？

人づきあいとは、話が盛り上がればいい、というものではありません。とにかく不快に思われる可能性のある話題は避けること。これが大人のマナーでもあり、「得」する話し方なのです。

23

得する人

適度に自分の話をする

好印象度
83%

損する人

自分のことをひた隠しにする

悪印象度
68%

「出版社にお勤めなんですね。どんな本をつくってるんですか？」
「ええ、まあ、いろいろです」
「……これからはみんな電子書籍になるなんていいますけど、実際どう思われます？」
「そうですね。どうなんでしょう、私にはなんとも……」
「……」

このようにどんな話題をふっても、のらりくらりとかわされてしまうこと、ありませんか？

自分の意見を求められるとお茶を濁してしまう。話が個人的なことになるとはぐらかす。このように、とにかく「自分」を隠そうとするのは「損」な話し方です。

実は、かくいうぼくもかつてはこのタイプでした。

相手には「ハマっているものは何ですか？」などとグイグイ質問するくせに「五百田さんは？」と聞かれると「ぼくの話はいいじゃないですか」とごまかしてしまう。

どこかで「自分のことはあまり明かさないよ」という防衛本能が働いていたように思います。いわゆる自意識過剰でもあり、もっと言えば、相手のことを信頼していなかったのかもしれません。

「自分の話をするのは恥ずかしい」の克服法

「得」なのは、適度に自分の話もできる人です。

もちろん、自分の話ばかりする人は損をしますし、「自虐に見せた自慢」ばかりするような人も損をします。**そうではなく、「あなたを信頼していますよ」というメッセージが伝わるように、適度に自分の話もできるのがベストです。**

自分の話をするのはハードルが高い、という人にはコツが2つあります。

ひとつは**「共通点の話」から入ることです。**相手が「昔、野球をやってたんですけど」と話したら「ぼくもそうなんですよ」と言う。「夏休みはハワイに行くんです」「あ、ぼくもハワイ、好きですね」といった具合に、共通の部分を見つけて、伝えてあげるだけで十分「自分の話」になります。

もうひとつは**「第三者の話」から入ることです。**

「ぼくはこういうふうに思っています」という言い方が恥ずかしければ「最近こんな話があったんですけど」と言ってみる。「ぼくの友だちがこんなこと言ってて」「会社の上司はこう考えてるらしいんですが」と、第三者目線の話から入ってみる。すると、自己主張をしすぎることなく、ふんわりと自己アピールができます。

いまより少しだけでも相手を信頼し、身をゆだねる。自分のことを知ってもらう。その意識を持つだけで、きっと「得」な話し方ができるはずです。

得
ポイント

うまく自分の話ができると、距離が縮まる

24

得 する人

「おもしろそう」が口ぐせ

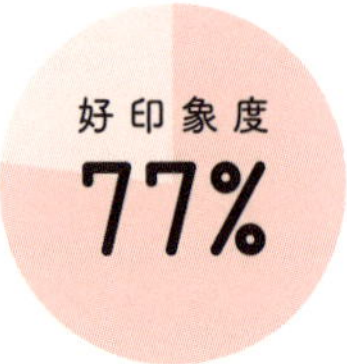

損 する人

「忙しい」が口ぐせ

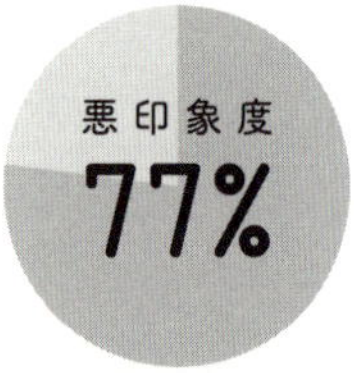

「土日も仕事だし、寝てないし、まいったわ」

「今週ずっと夜が埋まってて……」

こんなふうに、いつも忙しがっている人がいます。

仕事がたくさんある。イベントがいろいろある。資格の勉強をしている……。

ですが、そういう人を見ると「そんなに忙しい人を気軽に飲み会に誘ってはまずいのでは？」と誰もが思うでしょう。とても気をつかうので、自然と誘う機会も減っていきます。そう、**人づきあいにおいて、忙しぶる人は、損なのです。**

私たちは「断られる」ことが嫌いです。「ＮＯ」と言われたい人はいないでしょう。

だからこそ、誘いを断られる可能性が高い人は、最初から敬遠するようになります。その代表格が「いつも忙しそうな人」です。

ちなみに、結婚した人が飲み会に誘われにくくなるのも、同じ理由からでしょう。本人は「ぜんぜん大丈夫だから誘ってよ」と言っているのに、「あいつはほら、家庭があるから」と遠慮されてしまう。これも結局は、誘う側が断られそうな人を避ける、という心理なのです。

ＳＮＳの広がりで、人と交流するチャンスは増えています。ふと「誰かを誘いたい」と思ったときの候補はどんどん広がっているのが、いまの世の中です。

そんななかで「あの人は誘いづらい」という評価をされてしまうのは、得とは言えません。「いつも忙しそうだからやめとこう」と思われた時点で終わりなのです。

恋愛がうまくいくのは「〇〇な人」

改善策としては、まずは「忙しい」と言わないように気をつけること。そして、本当に忙しくて誘いを断らなければいけないときでも「いつも忙しいわけではない」とアピールしておくことも必要です。「その日はちょうど〇〇の予定があって行けないんです。来週だったらヒマだったんだけど……」といった、フォローも有効です。

誘われやすい空気を出すには「ヒマ」以外にも、「好奇心」をアピールするといいでしょう。「みんなで飲みたい」「おもしろそう！」「いつでも行くよ！」と日ごろからフットワークの軽さをアピールしておく。すると、「今度、ロシア料理食べに行くんだけど、どう?」などと声をかけてもらえます。

「ヒマそうな人は得をする」というのは、実は恋愛の場面でもそうです。

たとえば、あなたに気になる人がいたとしたら、つねに「その人のまわりをうろうろしておく」のがコツです。つねに相手の目線に入り、頭の片隅に居続ける。

LINEなどでたまにメッセージを交わして、トークリストの上のほうに居続けるのもおすすめ。ふとしたときに誘われる確率を高めれば、恋愛もうまくいきやすいでしょう。

得 ポイント

「ヒマ」アピールをしておくと、誘われやすい

25

得する人

「次は私がお誘いします」
と言う

好印象度
76%

損する人

「また誘ってください」
と言う

悪印象度
66%

以前参加した飲み会でのこと。

参加したのは幹事を含む40代男性3人と、入社2年目の若手男子2人。

飲み会はとても盛り上がり、さあ解散しようかというとき、若手の2人が続けて、職場の先輩でもある幹事に「〇〇さん、ありがとうございました、また誘ってください」とお礼を言ったのです。すると、先輩は怒ってしまいました。


「『また誘ってください』じゃないだろ。『次はぼくたちが企画します』だろ！」


怒られた2人はピンと来ていないようで、ポカンとしていました。

先輩が怒ったのは、「また誘ってくださいね」という受け身の態度に対してでしょう。会を企画して人を誘うのは大変です。連絡も手間ですし、断られればイヤな思いもします。そうしためんどくさいことを人に負担してもらったのに、誘ってもらった側がお返しに「また誘ってください」と平気で言う。そのことが、昔気質の先輩からすると我慢ならなかったようなのです。

いまは「受け身」の人も増えています。

怒られた若手に限らず、誰もが「誘われる」のを待っています。一方で、自分から「こういう機会ってないですか?」と問い合わせたり、「こういう会を開こうよ」と発起したりするのは、めんどくさい。

そんな時代だからこそ、自分から企画して声をかけるという役割は誰かがやらなければいけない、仕事のようなもの。「今回はやってもらったから、次は私が」という態度を示すのが大切です。そんな意識がまったくなく、当然のように「次も誘って」と受身の人は、「もう誘いたくない」と思われてしまっても仕方ありません。

「プリーズ」ではなく「レッツ!」を

それではどういう言い方が「得」なのでしょうか?

それは**「またご一緒しましょう!」と言うことです。**つまり「プリーズ○○」ではなく「レッツ○○!」の言葉を使うのです。

相手が目上の人であっても大丈夫。言われて悪い気はしないはずです。

もちろん、自分で企画して人を誘えるようになるのが理想です。とはいえ、急にはそういう人にはなれないでしょう。そんなときでも、多少ウソでもいいので、

「今度は私が企画します！」

「次はぼくがお誘いします！」

と、前向きな気持ち、やる気を伝えることが大事です。

「受け身ではない気持ち」が伝われば、結果として、また誘われる可能性が高くなるのです。

恋愛も同じ。いい人、楽しい人、すてきな人と出会っても、「また誘ってください」では、「2回目」につながりません。実際、そのひとことで失われてしまった発展のチャンスは決して少なくないはずです。

得 ポイント

自分から誘おうとすると、また誘われる

26

得
する人

「見たまんま」の
中身

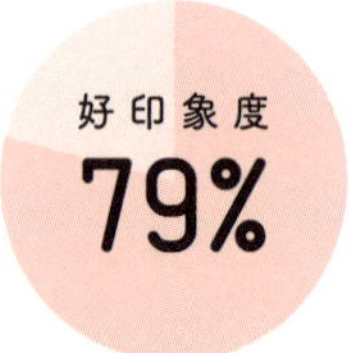

損
する人

外見と中身に
ギャップがありすぎる

「あの人は、見たまんまの人ですよ」

もしあなたがそういうふうに他人から紹介される人だとしたら、あなたは得をしています。**「見たとおりにやさしい」「見たとおりにまじめ」「見たとおりにおもしろい」。こういう人はみんなが安心して近づいてきますし、コミュニケーションもラクです。**

以前こんなことがありました。

パーティ会場のすみっこにムスッとした男性がひとりで立っている。

「いかにも気難しそうだな……。でも、せっかくの機会だし……」と思って話しかけてみると、さっきまで黙りこくっていたその人が「待ってました！」とばかりに明るい表情で饒舌に話し始めてびっくり――。

「だったら最初から話したそうな顔をしていてよ」と言いたくなりました。

見た目と中身にギャップがある人は「おもしろい」と言われることもあります。「見た目は怖いけど、実はいい人」は、たいてい愛されているものです。「ギャップ」というのはインパクトがあるので、恋愛などでは功を奏することもあるでしょう。

しかし、ふだんの生活で「ギャップ」ばかりだと、まわりは疲れてしまいます。**ひと目見て「こう扱えばいいんだな」とわかる人が「めんどくさくない人」だとすれば、外見と中身にギャップのある人はそれだけで、「少しめんどくさい人」です。**

よって、ギャップがありすぎる人は、人間関係では「損」をしてしまうのです。

ギャップ自慢は自己満足!?

「わかりやすい人」「裏表がない人」は人格がしっかりしている人、とも言えます。

わかりやすい人は、話しやすい人なので、誘われる機会も増えますし、仕事もお願いされやすくなるでしょう。友人も増えますし、どこに行っても好かれます。得なことだらけです。

ですから、ギャップがあることを自慢しているような人は気をつけましょう。

「こう見えて俺、お笑いが好きなんです」「こう見えて私、飲みに行くの好きなんです」。そうやってギャップをアピールして満足しているのは自分だけかもしれません。

そんな人は、少しでも「わかりやすい人」になれるようふるまってみましょう。なにも「単純な人間になれ」というわけではありません。ただ、相手に知ってほしい面があるなら、あからさまにそれがわかるようにアピールすると「得」ですよ、ということです。

もしもあなたが話し好きなら、パーティではニコニコしながらあいさつをすればいいでしょう。熱血漢な自分を知ってほしいなら、日ごろからもう少し大きな声で話すように心がけましょう。

「ギャップがあったほうがおもしろいのでは？」といった小細工はやめて、わかりやすく、ストレートに自分を表現してみてください。

得
ポイント

「わかりやすい人」は、打ち解けやすい

27

得 する人

その場に合った「キャラ」を演じる

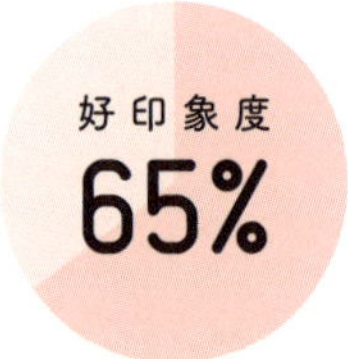

損 する人

「本当の自分」をわかってもらおうとする

「本当の自分」という言葉があります。

「作り笑顔をして相手に合わせるのは本当の自分じゃない」
「こんなつらい営業をしてペコペコ頭を下げるのは本当の自分じゃない」
「本当の自分らしく、自由に働きたい」

「本当の自分」にこだわって、まわりにわかってもらおうとしすぎると、「損」をします。

「本当の自分」などということにこだわらず、その場に合ったキャラを演じることは、「得」する話し方です。

得意先でがんばり屋の営業マンを演じてみる。職場では後輩のやさしい相談相手になってみる。友だちのあいだではおもしろキャラになってみる。……などなど、さまざまなキャラを無意識に演じ分けることは、誰にでもありますよね。

これはとても大人な行動といえます。子どもは、すべてに対して我を通そうとして、相手に合わせることをしません。

そうやってうまくキャラを演じられるようになると、気さくな人、やさしい人、楽天家、熱い人……といった、相手にとって好ましいキャラクターになれるので、たくさんの人から「楽しい人」と思われます。

仲の悪かった2人が打ち解けたカラクリとは？

人気者になれるだけではありません。これがうまくできると、人間関係で傷つかなくなります。

「この場はマジメキャラで行ってみよう」ときちんと演じたうえで会話をすれば、否定されても「本当の自分」は傷つかずにすみます。「うーん、このキャラは失敗だったか。反省、反省」と、冷静に対策を練ることができます。

友人の経営している会社で、とても仲の悪いAさん（男性）とBさん（女性）がいました。そのことを社員たちが気にしているので、彼は手を打ちました。

ある日、2人を同時に部屋に呼び出して、こう言ったのです。

「仲よくなれ、とは言わない。仲のいいフリをしろ！」

ここまで率直に言われた2人は「はい、そういうことなら」と納得し、それ以降は仲よさそうにふるまうようになりました。すると不思議なもので、実際に少し打ち解けた関係になったそうですし、社内の雰囲気もよくなりました。

「演じる」「フリをする」「ふるまう」というのは、人間関係においてとても、「得する」行為なのです。

得 ポイント

キャラを演じたほうが、仲よくなれる

28

得する人

大きなアクションで
楽しそうにする

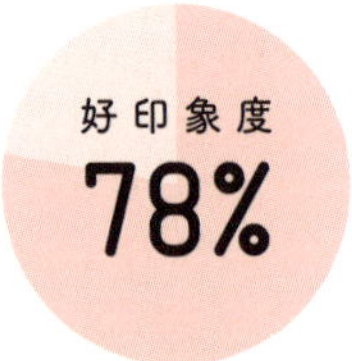

損する人

無表情で
つまらなそうにする

まじめな人ほど、ついつい本書に書いてあることを守ろうとして、「もっとちゃんと聞かないと」などと考えすぎてしまいます。しかし、それでは相手も構えてしまい、会話もスムーズに進みません。

いちばん「得」する話し方は、やはり「楽しむ」ということなのです。あなたが楽しめば、相手もきっと楽しいでしょう。楽しい雰囲気は伝染するからです。

ぼくが講演会で話すときも、なるべく「楽しむ」ようにしています。

以前はどうしても緊張してしまい、顔もこわばっていました。そういう講演会は聞くほうも緊張してしまい、楽しめなくなってしまいます。

まずは講演者が笑顔になる。そして、楽しむ。そうすれば、聞く人も楽しくなって、講演会はうまくいくでしょう。

それでは、会話を楽しむためにはどうすればいいでしょうか？

まず、**ウソでもいいから楽しんでいることを「強め」に表現しましょう。**楽しんでいるということを、きちんと相手に伝えるのです。

たとえば、リアクションを大きくとる。

特に笑うときはなるべく大きな声で楽しそうに笑いましょう。笑っている人を見ていると、人というのは自然とつられて笑ってしまうものです。

また、目を見て、大きくうなずく。そして笑顔を忘れないようにすることです。うなずきについては、ちょっとしたテクニックもあります。小刻みに「うん、うん……うん、うん」というよりも、じっと聞いていてごくたまに「そうなんだー⁉」と大きくうなずくことです。実感がこもるうえに、相手もリラックスして話せます。

「クールな人はモテない」という事実

クールな人はモテません。「クールでおもしろい人」ならいいかもしれませんが、たいていの人は、特におもしろいわけではありませんから、クールなだけでは損なのです。

よく観察してみると「あの人っておもしろい」と言われている人は、結局、リアクションが大きい人です。おもしろいことを言っているわけではなく、リアクションが大きい。

満面の笑顔で、「それすごいなあ」「めちゃくちゃおもしろいですね！」と言われると、人は「そうか！　この話はおもしろいのか！」と思い、なぜかあなたのことも「おもしろい人だなあ」と思うようになるのです。

楽しい気持ちになったときは、その気持ちを、ときには過剰に表現することで相手にも楽しさが伝わります。すると、その場全体の楽しさも増える。一緒にいて楽しい人になる、「得」するコツはここにあるのです。

得

ポイント

楽しそうにすると、「楽しい人」と思われる

第3章

職場・ビジネス編

この話し方で、
評価が上がる!
できる人になる!

29

得 する人

具体的に話す

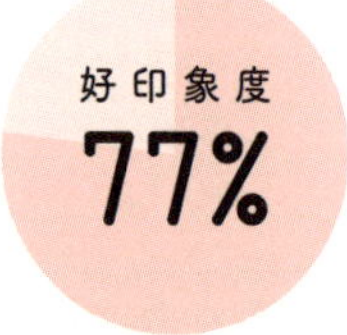

損 する人

あいまいに話す

ここからは仕事の場面での「得する話し方」をご紹介していきます。

プライベートと仕事では適切な話し方は異なります。めんどうでも、プライベートはプライベート、仕事は仕事、と話し方を切り替えるのが、最大のポイントです。

プライベートでは、空気を読んだり、共感したり、いわば「あいまいに」話すことも有効でした。一方、**仕事ではあいまいなコミュニケーションは損をします。きちんとはっきりと、具体的に話すこと。これが得する話し方です。**

たとえば、こんな会話はどうでしょうか？


「予算についてては、どのように考えておけばよいでしょうか？」

「まあ、それはゆくゆくご相談しながらということで」

「次回の会合はどうしましょうか？」

「それはまた追ってメールで調整しましょうかね」

「はあ……そうですか」

「じゃあ、そういう感じでひとつよろしくお願いします」

「……（そういう感じって何？　なんにも決まってないんですけど）」

話があまりにあいまいすぎて、ちっとも物事が進んでいないことがわかります。

このタイプの人と仕事で出くわすと、大変な思いをすることになります。例のように「のちほどメールで」「ゆくゆくご相談しながら」、あるいは「持ち帰って検討」ばかりで何も決めていかない。これは損な話し方です。

ほかにも「例の件、うまいことやっといてよ。よろしくね」といったあいまいで丸投げな指示が多い上司も困りますし、仕事のメールの末尾がいつも「よろしくお願いします」で、具体的な依頼がない人も困ります。

「確認のうえ、ご連絡ください」「〇日までにお返事をいただければ幸いです」といった具体的な依頼がないと、「よろしくお願いされたけど、こっちはいったい何をしたらいいの？」と戸惑ってしまいます。

できる人と思われる超簡単なコツ

一方、**得する話し方は具体的に話すことです。**

そのためにも「とりあえず決める」習慣をつけましょう。

「あとで変更があるかもしれませんが」とことわったうえで「次回は○日にしましょう」と言うクセをつけましょう。

また、**きちんと「数字」を交えて話すと、具体的な印象を与えることができます。**「○月×日までに」「○個用意してください」「予算は○円でお願いします」など。そうすると「仕事がデキる人」と思われて、「得」をします。ビジネスにおいて「数字のない話」はあいまいになりがちです。数字を出して、具体的に話しましょう。

得 ポイント

具体的に話すと、仕事がスムーズに進む

30

得する人

自分で考えて、
逐一報告をする

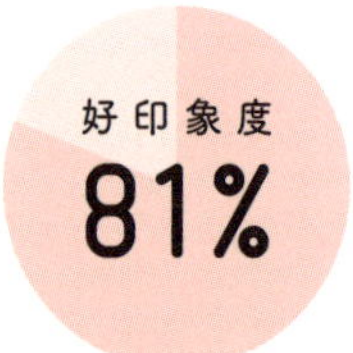

損する人

自分で考えず、
細かな指示をあおぐ

「仕事のコミュニケーションは具体的に」といっても、**やたらと細かく具体的な指示を求めてしまう人は「損する人」です。**いわゆる「指示待ち人間」ですね。

仕事を頼まれると「どうしたらいいですか？」「なぜですか？」「いつまでですか？」といった質問をやたらとする人がいます。

たとえば、「議事録をまとめておいて」と言われても「どんなふうにまとめたらいいですか？」と聞く。2つ以上の仕事を頼まれると「どちらから先にやったらいいですか？」とスケジュール管理を要求する。

頼んだほうとしては「そんなこと、自分で判断してくれよ……」と思ってしまうでしょう。

こまめな報告はサラリーマンの「護身術」

かといって「勝手に動けばいい」というわけでもありません。よかれと思って自分で判断したのに、「なんだそれは、聞いてないぞ」「言ったこととぜんぜん違うぞ」と、これまたイライラされてしまうこともあります。

ではどうするのがベストで、「得」する話し方なのでしょうか？
それは、勝手に動くのではなく「案を考えて提案する」ことです。

「○○の件、こうしようと思うんですがどうでしょうか？」

勝手に動くわけでもなく、指示をひたすら待つわけでもない。自分の頭で考えて、案を提案する。この案はいくつもあればよりいいでしょう。
これなら「ああ、じゃあＡの方向でやってみて」「ここだけは修正しておいて」と言えるので、上司や関係者もとても楽ちんです。何より「この人はやる気があるな」と思われ、評価が上がる。つまり「得」をするのです。

細かな指示は求めない。
そのかわり、細かく報告をする、というのも「得」をする話し方です。

「○○の件ですが、こんな感じで進んでます」

「予算の件ですが、先方からのお返事待ちで、明日までにご報告します」

などと逐一メールなり、口頭で耳に入れて共有しておくのです。

これはひとつは、**サラリーマンとしての責任回避のためです。**あとでトラブルになっても、共有をしておけば、「俺は聞いてない」と言われることはなく、少なくとも自分だけの責任にはなりません。

もうひとつは、**体調不良などで休んでも仕事がきちんと進むようにするためです。**いつ何があっても大丈夫なように、すべての情報を共有する。それが、チームで働く際の必須条件です。

細かな指示がないと動けないのは、まさに「受け身」であり「消極的」です。そういう人をまわりが評価するはずはありません。自ら考え、案を提示し、進捗を逐一報告する。これこそが得をするコミュニケーションなのです。

得 ポイント

提案・報告・共有で、評価が上がる

31

得する人

すぐ用件に入る

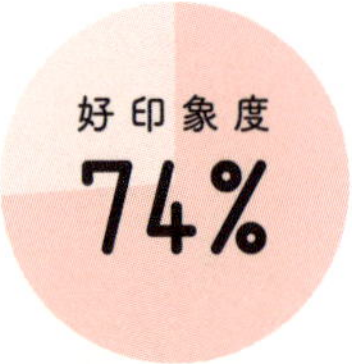

損する人

前置きが長い

「何？　相談って」

「それが、今度田中さんが異動になるじゃないですか」

「えっ、そうなんだ」

「で、私すごく田中さんにはお世話になってるじゃないですか。去年私がヘルニアで休んだとき、得意先を全部フォローしていただいたし。いや、私だけじゃないと思うんですよ、田中さん世話好きだから。それで……いやでも、あまり大げさなことをしちゃうのもどうかなと思って。かえって気をつかわせちゃったらあれだし、でも……」


自分から人に話しかけておいて、なかなか用件を言わない人がいます。

会話例でいえば、なんとなく田中さんの送別会、または田中さんへの贈り物について相談したいというのは伝わります。

でも、前置きが長いし、何を言いたいのかわからない。なかなか本題に入ってくれない。これはとても「損」な話し方でしょう。

シンプルに話すためには一度英語にする

得するのは、用件から話すことです。

そのためのコツとしては、とりあえず用件をひとつに絞ることです。

最初に用件を言えない理由は、相手に話したいことが多すぎて、用件をひとことにまとめられないことにあります。

送別会のお店の相談もしたいし、贈り物の相談もしたい。できればちょっとした出し物も一緒に考えてほしい……などといろいろ考えながら話しかけると、冒頭の例のようになってしまいます。

そこで、まずは最初にバシッと「ちょっとお店の相談なんですけど」と言ってしまいましょう。それだけで相手は「なるほど、お店ね」とスッキリします。それ以外の相談は、お店の相談が終わってからすればいいのです。

上司などへの相談も、用件から言いましょう。

得

ポイント

用件から話すと、ちゃんと聞いてもらえる

「あの、このあいだすごく困ってしまうことがあって、相談すべきか迷ったんですけど、もしたいしたことなければ別にいいのですが……」などと話し始めると、「めんどくさいな、俺も忙しいんだ」とあしらわれてしまいます。

まずは「お客さまからのクレームの件でご相談があります」と用件を伝えること。そうすれば、上司もスッと話に入ってきてくれるでしょう。

ビジネスにおいては、とにかくシンプルなコミュニケーションが鍵です。

そのためには**「これを英語で言うとしたらどうなるだろう？」**と考えてみましょう。日本人が英語で何かを伝えようとするときは、長々と前置きなどはしないはずです。「○○を○○したい」などとシンプルに伝えるはず。つい前置きをしたくなるときは、英語ならどう言うか、を意識してみるのも「得」する話し方です。

32

得する人

自分でイメージしてから
依頼する

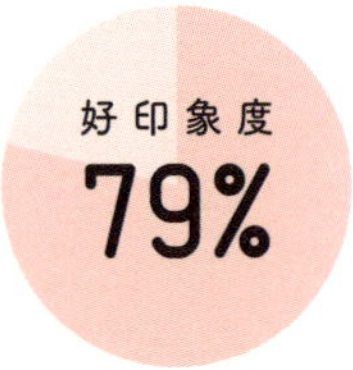

損する人

丸投げしたあとに
文句を言う

ビジネスにおいて「おまかせで」という言葉は、「損」する話し方です。

「細かいことはまかせる」

「発注先はあなたの判断で決めてくれていいから」

「デザインや形式はおまかせします」


こう言ったにもかかわらず、言われたとおり進めると、「うーん、そういうことじゃないんだよね……ちょっとやり直してもらえますか?」と言ってくる人。

言われたほうも「おまかせって言われたのに……。いったいこの一週間のがんばりはなんだったんだ……」とイヤな思いをしてしまいます。


「おまかせ」と言うと、相手を信頼している感じが出て、おおらかな人と思われます。言われたほうも「まかされる」というのは権利が与えられたようでうれしいでしょう。

しかし、結局あとで文句を言ったり、やり直しを命じてしまうようなら意味がありません。そういう人は自分で考えるのをサボって、「おまかせ」に逃げているだけなのです。

得なのは、自分でイメージを固めてから具体的に依頼することです。

しっかり目的も添えて依頼をすると、依頼されたほうも「なるほど、そういうことか」と納得して仕事を進めることができるはずです。

20年たっても忘れられない先輩編集者の言葉

それでも「おまかせで」と言いたいのであれば、絶対にあとから文句を言わないようにしましょう。

ですから**バランスがいいのは「相手にまかせるところ」と「まかせないところ」をきちっと線引きすること。**どこまでが言うとおりにやってほしくて、どこからがおまかせなのか。そこを先に伝えておけば、お互いにスムーズに仕事が進みます。

ぼくが大学を卒業したばかり、新人雑誌編集者だったころのことです。

右も左もわからない駆け出しですから、カメラマンやイラストレーターといったプロたちに「どういう写真を撮れば（イラストを描けば）いいですか？」と聞かれてもうまく指示が出せません。

「どうもこうも、あなたのほうが専門家なんだからうまくやってくださいよ」というのが正直な気持ちでした。ところが、そんなぼくの「おまかせ」体質を見抜いたのでしょう。ある先輩に言われた言葉はいまでも覚えています。

「カメラだってイラストだってデザインだって文章だって、本当はお前が全部できなくちゃいけないんだ。だけど、全部お前がやっているとキリがないし、時間が足りないからプロにお願いするだけなんだ。だから、どんな写真にしたいか、どんなイラストにしたいか、全部あらかじめお前の頭のなかにイメージがなくちゃダメなんだ」

手を抜くための「おまかせ」はもちろんNG。おまかせをする場合も「どこからをまかせるのか」線引きをはっきりしておく。これが「得」な話し方なのです。

得
ポイント

きちんと考えてから頼めば、あとでモメない

33

得 する人

連絡が早くてマメ

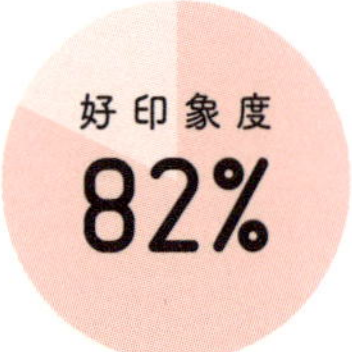

損 する人

連絡が遅い

あなたは連絡が早い人ですか？　ならば「得」をしています。

逆に連絡が遅い、返すべきメールが溜まっているなら「損」をしています。


ビジネスの世界では、連絡が早いだけでデキる人になれます。たったこれだけです。「お打ち合わせをお願いできませんか？」とメールを送ると、5分後に「○月×日はどうでしょうか？」と返信が来る。「お振込みの件ですが……」とメールを送ると、5分後に「いま上長に決裁をお願いしています」と返信が来る。

こういう人は、まわりの人も気持ちよく仕事を進めることができます。


「そんなこと言っても、何も決まらないうちに返信なんかできないよ」という人もいるでしょう。そういうときでも「現時点の状況」を連絡するだけで、相手の印象は180度変わります。

「いま検討しています」「○日までに正式なお返事をいたします」「上長に確認中です」など「いまどうなっているのか」を共有するだけで、デキる人にグッと近づくのです。

つねにマメに連絡をする。進捗を共有する。これが得するコミュニケーションです。

よくいるのが、ふだんは普通に連絡がくるのに、都合が悪くなるとピタッと連絡が来なくなる人です。

たとえば、こんなことがありました。

ずいぶん前にした仕事の報酬がいつまでたっても振り込まれないので「○○の件、どうなりましたか？」と担当者に問い合わせたのです。

しかし、そこからピタッと連絡が来なくなったのです。気まずいと思ったのでしょうか。「どうしたのだろう？」と不安に思っていたところ、やっとメールが来ました。

しかしそこには、次の仕事の連絡が書かれていたのです。「当日は4時に○○に来てください」と。ぼくとしては「いやいや、その前に報酬のメールに返信してよ」と思ってしまいました。

返信しにくいことほど、すぐにメール

まずはすぐにメールをすること。それがトラブル回避のうえでもとても重要です。

自分にとって都合がよくても悪くても、連絡はきちんとしないと「得」できませ

ん。むしろ、**都合が悪いときほど返信を早くしたほうがいいでしょう。**

返事を遅くして、状況が悪くなることはあっても、よくなることはまずないでしょう。「ああ、返信しにくいな」と思うメールほど、すぐにでも出すべきです。

向こうにとってマイナスなこと、たとえば何かを断るときも、期限ギリギリになってから断ると向こうもダメージが大きい。人づきあいにおいて「損」となります。とにかく連絡は早く、そしてマメに。これが得するコミュニケーションだと肝に銘じておきましょう。

得 ポイント

連絡さえしておけば、相手は安心する

34

得 する人

まず謝ってから
理由を添える

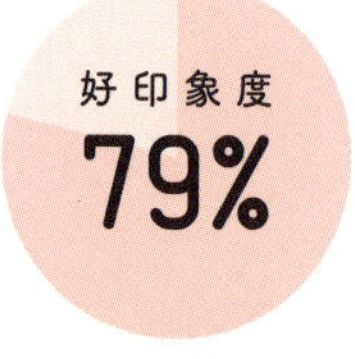

損 する人

言い訳ばかりして
謝らない

AさんとBさんが、遅刻してきたとします。どちらが好印象でしょうか？

Aさん「いやー、電車が止まってましてね……ほんと困りますよね。最近、遅延多くないですか？ まいっちゃうなあ。家はけっこう早めに出たんですけどね……」

Bさん「すみません！ 遅れました！ 実は電車が……」

言うまでもなく、Bさんのほうではないでしょうか？

自分が何か失敗をしてしまったときに、まっさきに非を認め、謝ることのできる人は「得」をします。

一方で「すみません」のひとことも言わず、ダラダラと言い訳を始める人は「損」をする人です。

この場合、電車の遅延は本当なのでしょう。正当な「理由」ではあります。しかし、遅れたことも事実。そのことについてはまず「すみません」とひとこと言えばすむのです。きちんと謝ってから理由があるのなら伝えればいいでしょう。

では、こちらに非がなかった場合も謝るべきなのでしょうか？

たとえば、先方がきちんと日程の連絡をしていなかったせいで、打ち合わせに参加できなかったとします。そのときつい「いや、連絡がなかったんで……」「日程なんて聞いてましたっけ？」と言いたくなります。しかし、これが得をするかというと逆でしょう。印象は悪くなるだけです。

もし相手に非があったとしても「打ち合わせに出られずにすみません」と伝えるべきです。そのうえで「私のほうもきちんと日程の確認をしておくべきでした」と付け加えればいいのです。

仕事のトラブルの際に考えるべきは「どちらが悪いか」ではありません。「どう話せば得か」だけを考えればいいのです。

「なぜ？」と聞かれても理由を答えてはいけない

「言い訳」というのは本当に意味のない行為です。

人を叱るときのフレーズに「なんでこんなことしたんだ！」というものがあります。質問を真に受けて「『なぜしたのか』についてですが、理由は3つありまして……」などと答えようものなら「言い訳をするな！」と怒られるのがオチです。

この場合は、理由を聞かれているわけではありません。「なんでこんなことしたんだ！」に対する得する応対は、ひたすら「すみません」と謝る。ただ、それだけです。

「言い訳」というのは、どんな場面でもプラスにはならないのです。

とにかくコミュニケーションが円滑に進み、得をする選択肢を選ぶべきです。

まずは「すみません」のひとことを言ってから、理由を言うようにしましょう。謝るのが先、理由はあと。これが「得」する話し方です。

得
ポイント

まず謝れば、理由を聞いてもらえる

35

得する人

いいところを
指摘する

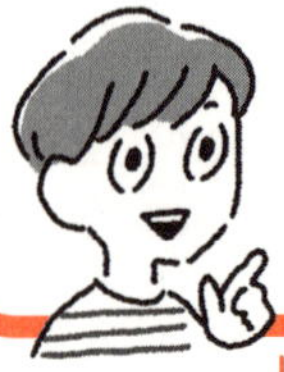

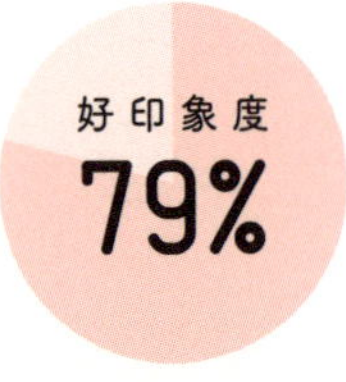

損する人

問題点ばかり
指摘する

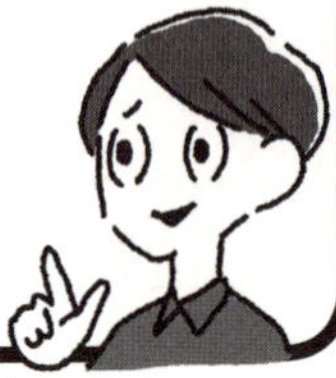

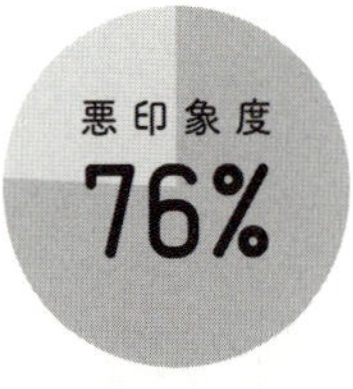

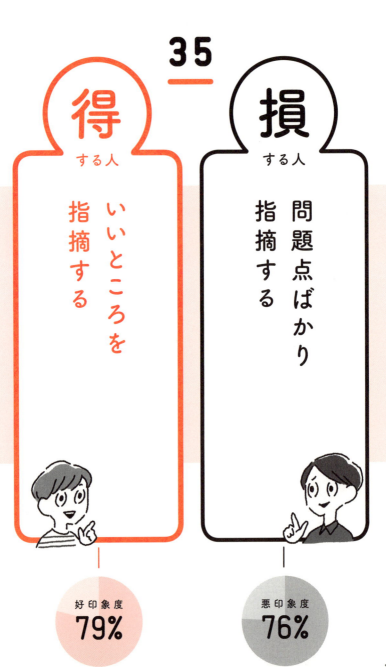

プレゼン資料をまとめて上司に見せにいきました。

「うーん、まず1枚目のここだけど、なんかデータないの？　データもなしにこんなことは言えないよね。あと最後のところだけど図が雑だな。やり直して」

こんなことを言われたらどうでしょうか？　やる気はなくなってしまうでしょう。これは、「損」な話し方です。

では、こういう話し方だとどうでしょうか？

「お！　ありがとう。早いね！　1枚目のところ、データがあるとよりいいけど、うまくまとまってると思うよ。この辺もう少し丁寧に図を置こうか」

きっとうれしいはずです。これは関係者みんながやる気になる「得」な話し方だと言えるでしょう。

ポイントはいくつかあります。

まず「いいね」「ありがとう」と言うことです。どんな仕事であっても、仕事を仕上げてくれたら「いいね」と認めて「ありがとう」と感謝する。仕事のできがどうあれ、まずポジティブな発言から入りましょう。

一方で、修正してほしいところが出てきたらどうすればいいでしょうか？

先の例にもあるように「ここを直してくれたら、よりいい」という言い方をしてみましょう。「ここがダメ」「ここが間違ってる」ではなく「こうしてくれたらよりよくなる」という指摘の仕方だと相手も気持ちよく受け入れてくれます。

「ネガティブな面を指摘する」のではなく「いい方向に持っていく」クセをつけましょう。

よく電車内で子どもに対して「大きな声で騒がない！」と怒っているお母さんがいます。しかし、そう言えば言うほど子どもは大きな声で騒いでしまいます。

そういうときは「やさしい声で話そうね」「静かな声で遊ぼうね」と言うのが効果的。同じように仕事でも、悪い部分を指摘するのではなく、持っていきたい方向に誘導するわけです。

「問題ない」が抱えている問題

部下が作成した書類を確認するとき、間違いや内容の漏れなどの「問題」をチェックするのが「ネガティブチェック」。

一方、うまく説明できているところ、表現が工夫されているところなどの「いい点」を探すのが「ポジティブチェック」です。

ネガティブチェックばかりしている限り、部下にかける言葉はよくて「問題ないね」でしょう。一方、ポジティブチェックをすれば「ここはよく書けているね」「短時間でよくまとめたね」といった言葉が出てきます。

得 ポイント

いいところを見つけると相手がやる気になる

ポジティブチェックを身につければ自然とネガティブな言い方は減っていき、まわりからも信頼され、仕事が楽しくなっていき、デキる人に近づくはずです。

36

得する人

誰でも理解できる
言葉を使う

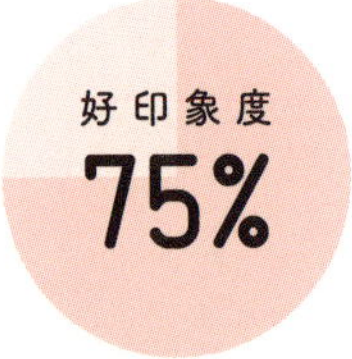

損する人

業界用語や
カタカナ語ばかり
使う

やたらと業界用語やカタカナ語を使いたがる人がいます。

「ところで、サービスの『ローンチ』はいつですか？」

「その件については、『アグリー』ですね！」

相手の知らない言葉を使えば「自分のほうがより知識がある」「より専門性が高い」とアピールできるでしょう。パッと見はかっこいいかもしれません。

しかし、業界用語やカタカナ語をむやみに使う人は「損」をしています。

こういった言葉を使うと、「自らの立場を高く見せようとしている」「プライドが高そう」と思われます。もしそんな考えはなくても、相手にそう思われてしまっては損というわけです。

業界用語を使うことによるデメリットは印象が悪いというだけではありません。業務が滞る、という「実利的な」損にもつながります。相手が「ローンチ」の意味をわかっていなければ、きちんと意思疎通ができないことになります。これは仕事においてマイナスでしかありません。

ローンチは「立ち上げ」と言えばいいだけですし、アグリーは「賛成」と言うべきです。余計な用語を使うことは仕事においてノイズ、トラブルの元になります。

「ノックオン」の意味、わかりますか？

一方で業界用語を使わない人は「得」をします。

シンプルに、仕事が滞りなく進むからです。関わる人全員が瞬時にわかる言葉を用いることで、連絡はスムーズになります。

なるべくわかりやすい言葉で話しましょう。極端な話、小学生にもわかるようにわかりやすく説明すべきです。

また、印象としても、謙虚で偉ぶらないように見えます。相手に「同じ目線で接してくれる人」だと思われ、一目置かれることに。これは「得」です。

見習うべきはスポーツ中継のわかりやすい実況です。
ラグビー中継の副音声で、わかりやすい解説をしているのを聞いたことはないでしょうか。「あー、いまのはノックオンですね。ボールを落として、ボールが体より前に出てしまいました」。テニスの中継では「おぉ、ナイスプレイスメント。いいボールの落下点です」という解説を聞いたことがあります。どちらも、その競技のルールを知らない人でもわかるような解説。とても親切です。

同じように、業界に詳しくない人でもわかるように、やさしく話す。すると、仕事もうまくいきますし、印象もよくなる。とても「得」な話し方と言えるでしょう。

得
ポイント
簡単な言葉を使うと、トラブルが起きない

37

得する人

名前を呼びながら会話する

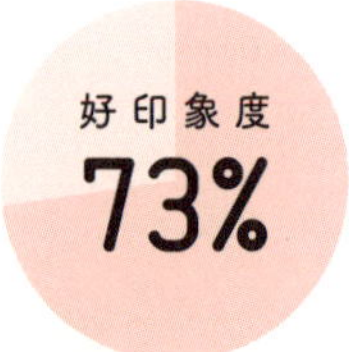

損する人

人の名前を間違える

「五百田《いおた》達成《たつなり》」というぼくの名前（本名）は、人からよく間違えられます。五十田、百田、達也などとよく書き間違えられますし、「ゴモタさん」「ゴタンダさん」をはじめとした読み間違いもよくあります。

人の名前はしっかりと覚えるのが「得」です。

名前というのは、その人が何万回と使っているものですし、ものすごく大切にしているもの。それをないがしろにして間違えるようなことは、大きく印象を下げてしまうでしょう。

また、**名前をきちんと覚えたら、できるだけ口にしましょう。**何度か口にすることで頭に定着させることができますし、「間違ってないな」という確認にもなります。名前を呼ぶことで、相手との親密度が高まる効果もあります。

以前、電話で話していてすごく感じのいい女性がいました。彼女は会話のなかで何度もぼくの名前を呼びかけるのです。

「五百田さん、じゃあこうしましょうよ。この件はいったんあとに回して……」

「五百田さん、この部分を変えるとここも変わっちゃうんですよね」

「えっ！　それはよかったですね、五百田さん！」

まだメールの普及していなかった時代、受話器から聞こえてくる声の感じから、その人の印象があたたかくじんわりと心に残っています。

一流ホテルのサービスマンがかならずしていること

一流ホテルのサービスマンや高級エステの受付などは、かならず「○○さま、お帰りなさいませ」「○○さま、どのコースになさいますか？」などと客に呼びかけます。

名前をきちんと呼ばれて嫌がる人はいません。しかも「他の人ではなく、まさに『あなた』に向かって話しているのだ」という誠意も自然と伝わります。

「この人は自分を大事にしてくれている」「この人は私を気にかけてくれている」と

得
ポイント

ちゃんと名前を呼ぶだけで、親密度アップ

相手に思ってもらえれば、それだけで「得する話し方」に一歩近づけます。

そのためのシンプルな方法が名前を正しく呼ぶことなのです。

特に効果的なのは、大人数での会合の場合です。こういう場では相手の名前は聞いた端から忘れてしまいがち。間違ったりしては大変ですから、相手の名前を呼ばずに逃げようとしてしまうことも多いでしょう。だからこそ、一度聞いたら積極的に口に出して呼びかける人はいい意味で目立ちます。

たとえば、「こちらが○○さん」と紹介されたら「○○さん、よろしくお願いします」とすぐに、繰り返す。会話を始めたら「△△さんは、最近何か気になるニュースありました？」などと、うるさいぐらいに相手の名前を声に出しましょう。

名前をきちんと覚える。それを何度も口に出す。たったこれだけのシンプルなことですが、効果は絶大です。

38

得する人

うわさ話に関わらない

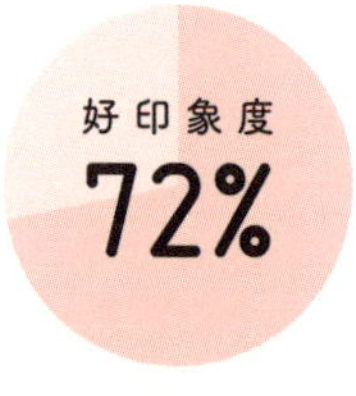

損する人

うわさ話をやたらとしたがる

社内のうわさ話が大好きな人が、部署にひとりはいるものです。

「○○さんは△△部長と大学が一緒だから、飛ばされることはないらしい」

「××さんは例の事業の失敗で異動になったから、今度は□□さんが仕切るらしい」

うわさ好きの人はまわりから「情報通」「事情通」と言われていたりします。本人もそう言われていることを「まんざらでもない」と思っています。

しかし、うわさ話をするのは「損」だと言わざるをえません。

うわさ話のデメリットはいくつもあります。

まず「どう伝わるかわからない」ということです。たとえば、ある人のことを「あの人は仕事が遅いらしい」と言ったとします。それを聞いた人は「あの人は仕事ができないらしい」と伝えるかもしれません。どんどん話に尾ひれがついて「あの人はまったく仕事をしない」という話にすり替わってしまうこともあるでしょう。それが本人の耳に入ることもあります。

ネガティブなネタばかりうわさすれば、いずれ「あの人は誰それの悪口を言っていた」「どうやら経営陣に不満があるらしい」「口が軽い」などと、逆にうわさ話の的にもなりかねません。

話していいのは自分で見聞きしたことだけ

また、うわさ話には、意識していてもいなくても、どうしても悪意が入ってしまうもの。「あの人は女性に厳しいらしい」「仕事はできるけど、家庭はうまくいってないらしい」など、その根っこには妬みや嫉みがあったりします。

とにかく、**あらゆる誤解につながり、トラブルの元になります。うわさ話は一切しない、と決めるのがいいでしょう。**

そもそも「らしい」という話し方は「損」をします。不確定な情報は、仕事に支障をきたしますし、信頼関係も崩れてしまいます。人を見る目が曇ってしまうのです。

それでは、どういう姿勢が「得」なのでしょうか？

それは**自分が実際に見聞きしたこと、実際に経験したことだけを話すということです。**

「○○さんは仕事が遅いらしい」はＮＧですが、「○○さんと仕事したときは、締め切りも守ってくれたし、質もよかったよ」といったように、自分の経験なら話していいでしょう。それは個人的とはいえ、確実な情報だからです。

情報を集めて、いろんな人に教えていると「情報通」ともてはやされますが、実は「この人は信用できる」という信頼は得られていません。情報通になるよりも、信頼のおける人になったほうが何倍も「得」なのではないでしょうか？

得

ポイント

うわさ話をしなければ、信頼が手に入る

39

得する人

「私はそれはよくないと思う」と率直に伝える

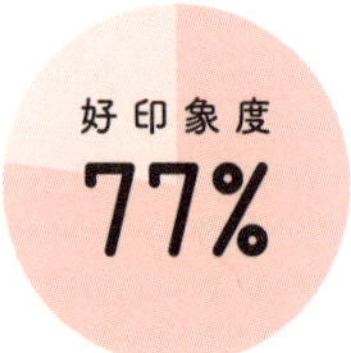

損する人

「あなたのためを思って」と説教をする

「あなたのためを思って言っているのよ」

「君の将来のことを思ってあえてきついことを言わせてもらうが」

こんな言葉を言ったり、言われたりした記憶はないでしょうか？

誰でも説教されるのはイヤなものです。それでも「たしかにこの人の言うことはもっともだ」と納得できるときもあれば、「この人にごちゃごちゃ言われたくない」と感じるときもあります。

後者は、エネルギーを吸い取られるだけ。「これを機に改めよう」といった気持ちにはなかなかなれません。

その典型が「あなたのためを思って」という言葉。これは、押しつけがましく、相手をうんざりさせる、「損」する話し方です。

「あなたのためを思って」が受け入れられないのは、そこに「ウソ」があるからでしょう。もちろん親や親友などが本当に「あなたのためを思って」いる場合はいいのですが、そういう人は、わざわざそういうセリフは言いません。

そこまで親しくもない、信頼関係もない人が言うから嫌われるのです。

では、そういう人はなぜ「あなたのため」と口走ってしまうのでしょうか？

本当は彼らも「自分が気に食わないから」「不快だから」「自分にとって都合がいいから」説教がしたいのです。しかし、ここで「利己的と思われるのはかっこ悪い」「叱ることで相手に嫌われたくない」という恐れが生まれます。

そこで、かっこ悪い自分を隠すために（実際はバレバレなのですが）、「あなたのためを思って」とわざわざことわって説教を始めるというわけです。

ウソに満ちた説教は心に響かない

「あなたのため」に似たセリフに「俺はいいんだけど」もあります。

「俺はいいんだけど、君が困るよ」

「私はいいけど、それだと普通怒られるよ」

これも嘘くさい、偽善的なにおいがプンプンします。「あなたがいいなら言わないでくれ」と反感を持たれるのがオチです。

得するのは、こういう「ウソに満ちた説教」をしないことです。

「そういうことをされるのは、ぼくがイヤだからやめてほしい」

最初は勇気がいるかもしれません。でも、「別にぼくはいいんだよ。ただ君の将来を考えるとね」などと言う人より、はっきりと「ぼくはそれが嫌いだ」と言える人のほうが、結局は信頼されるし、アドバイスも聞き入れてもらえるはずです。

偽善的な「あなたのため」を使わずに、「ぼくはこう思うよ」とストレートに言う方が「得」な話し方なのです。

得ポイント

「イヤだ」と言ったほうが、相手に伝わる

40

得する人

叱られても
ケロッとしている

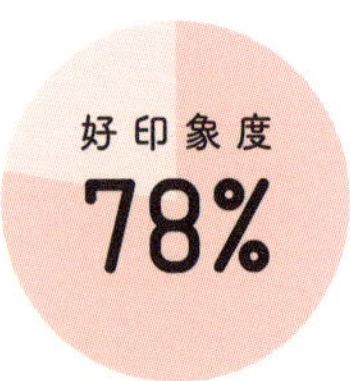

損する人

ちょっと叱られると
すぐに落ち込む

ちょっと否定的なことを言うとどーんと落ち込んでしまう。「傷つきやすい人」がいると、まわりの人のストレスは一気に増大します。

「……というわけなので、まだこういう提案をするのは時期尚早だと思うんだよね。もう一回、企画書を練り直してみようか」

「はぁ……」

「あ、切り口自体はいいと思うんだけどさ」

「……すみません。何をやってもうまくいかなくて。私、きっとこの仕事に向いていないんです……」

「いや、そういうことじゃなくてさ……」

このように自分の仕事の一部を指摘されただけで、まるで自分の存在が否定されたかのようにショックを受けてしまう。指摘した側は「そんなつもりはなかった」となぐさめなければいけません。

こうしたちょっとした指摘、批判で落ち込みやすい人は「損」をしています。

まず、シンプルに、落ち込んでいると仕事が前に進みません。また、まわりに気を使わせ、次第に誰も指摘をしてくれなくなるでしょう。結果的に「成長できない」ということにつながります。

「おめでたい人」こそが最強の性格

得するのは「叱られてもケロッとしている人」です。

「あいつには何を言っても大丈夫」という空気ができると、みんなが気をつかわずにコミュニケーションし始めます。仕事もスムーズに進むでしょう。

ですから、**傷つきやすい人は「仕事は仕事」と割り切ることが大切です。** 決してあなたのことを否定しているのではありません。すぐに気持ちを切り替えましょう。「次がんばります！」と言って、前向きになれる人は、それだけでみんなに愛される社員になれるのです。

感情のセンサーを「ポジティブなほう」へ修正するのも有効です。

そもそも人間は、１００回ポジティブなことを言われても、たった1回ネガティブなことを言われると、それぱかりが気になる生き物です。

よって、ネガティブなことに「鈍感になれ」といっても難しいかもしれません。ここは発想の転換で、むしろもっと「前向きに敏感に」なることです。
「企画は通らなかったけど、切り口はいいってほめられたぞ！　やった！」といった具合です。

つねに明るく「おめでたい人」だと思われる話し方をすることとは、あらゆる面で最高に「得」をするのです。

得 ポイント

明るくふるまえば、まわりが助けてくれる

41

得 する人

まわりへの感謝を
ふだんから口にする

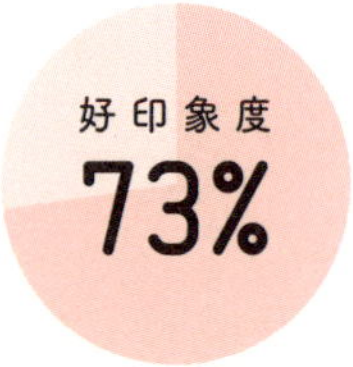

損 する人

自分だけの手柄の
ように自慢する

アカデミー賞の授賞式のスピーチを見たことがあるでしょうか。

「私を育ててくれた両親に感謝します」

「この受賞はすべてのスタッフ、応援してくれたみなさんのおかげです」

ほとんどの受賞者がこのように、まわりへの感謝を述べます。プロ野球のヒーローインタビューもそうですね。

「チームのみんなのサポートのおかげです。感謝しています」

「ファンのみなさんのおかげです。世界一のファンです！」

こう発言すると、球場はワーッと盛り上がります。

言うまでもなく、こうしてまわりへの感謝を口にする人は「得」をしています。

一方で、アスリートの中にも、攻撃的で強気な発言をする人もいます。いわゆる「ビッグマウス」というやつで、試合前には「絶対に勝つ。それしか考えていない」と言い、試合が終わったら「当然の結果。たいしたことない」と言い切る。

スポーツ選手がこうした発言をするのには、いくつか理由があります。

ひとつは、強気な発言でチームメイトを鼓舞したり、相手を威嚇したりするため。もうひとつは、自分への効果でしょう。

極限の世界で戦っているため、自分の言葉で自分を奮い立たせないとメンタルがもちません。自分の勝利を疑うような発言をしたら、すぐに悪い結果につながると知っているのです。

「みなさんのおかげです」は得する呪文

ただ、トップアスリートのビッグマウスが「かっこいい」と評価されるのは、彼らが特別な世界の住人だからです。これを一般人が安易にマネをすると、途端に扱いづらく「損する人」になってしまいます。

「遅くまで大変だね」

「いや、大変じゃないっす」

「でも、昨日も遅くまで残業してたじゃない」

「このくらい普通です。来月も売上トップしか狙ってないんで」

「……そう。すごいね」

「結果が出せないヤツは辞めるしかないっすよ」

「そう……だね」


本人は自分の世界に浸って、デキるビジネスマンのつもりでいるのでしょうが、まわりにいい印象は与えないでしょう。応援したいとも思えません。

得する人はつねに「他人」に目が向いている。だから、まわりをほめたたえることができます。

「みなさんのおかげです」。これは得するための合言葉なのです。

得
ポイント

感謝を口にすると、もっと応援してもらえる

42

得する人

さりげなく「気づかい」ができる

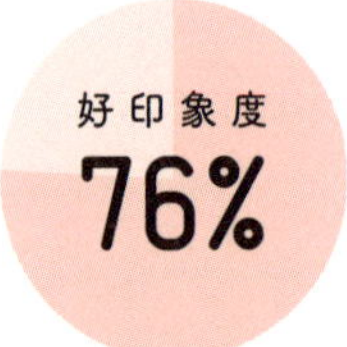

損する人

自己満足な「おせっかい」をする

自己満足な「おせっかい」をする人は損をします。

たとえば、ぼくの知り合いの上司は、部下全員の誕生日を覚えているそうです。そのうえ、結婚している部下については結婚記念日まですべて把握しています。

この上司、部下の結婚記念日にはうれしそうに近寄っていき、満面の笑みでポンと肩を叩くと、「今日は早く帰れよ」「え？　なんですか？」「結婚記念日だろ」とやるそうなのです。

「え？　それっていい上司じゃないの？」と思われるかもしれません。

たしかに相手に関心を持つというのは人間関係の基本です。

その点で、上司は「得」をしているように思えます。

しかし、相手を思ってすることであっても、やりすぎる人は生理的に怖がられてしまいます。

しかも、このやり方には「感謝を要求する」姿勢が透けて見えます。「ありがとう」と言ってほしい、「さすが部長、気づかいができる」と思ってほしい……。相手を気づかっているようで、逆に気をつかわせてしまっている可能性がある。これがいわゆる「おせっかい」なのです。

本当のお祝いであり、相手を思った気づかいなら、とてもいい上司でしょう。しかし、「いいリーダーに見られたい」という自己満足から来るものであったなら、事情は変わってきます。

結局、「自分のためか、相手のためか」ということです。

人を見ているようで自分しか見えていない人は案外多いものですし、それは周囲からはバレバレということです。

そのおみやげは相手のため？　自分のため？

おせっかいが損をする話し方なのだとしたら、どういう話し方が「得」なのでしょうか？

それは「さりげない気づかい」ができる人です。

得 ポイント

日頃の小さな気づかいが「いい上司」の秘訣

あからさまなお祝いなどしなくても、いつも部下を気にかけている上司は、とても好印象です。ふだんから「お、元気そうだな」「いまどうだ？ 忙しいか？」「やっとるな」などと声をかけ、さりげなく部下に気をつかえると、好印象です。

職場でやたらと誕生会などのイベントを企画する人、近くの出張でもおみやげを全員に配る人、仕事の成果が出ると必要以上にほめる人……。もしあなたがそういう人なのであれば、それは「自分のためなのか、相手のためなのか」をもう一度、自分に問いかけてみましょう。

43

得 する人

「途中経過」も説明する

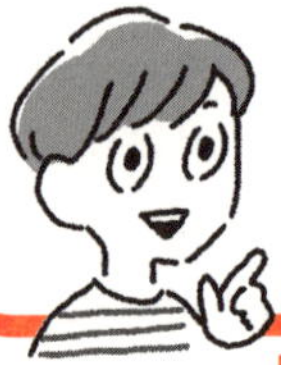

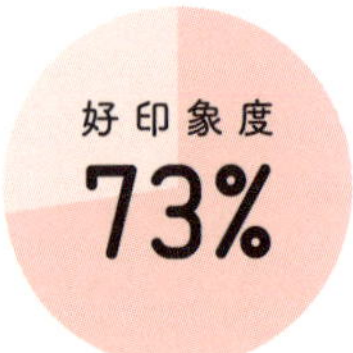

損 する人

いきなり「結論」だけを言う

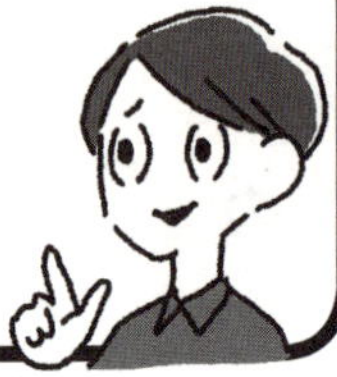

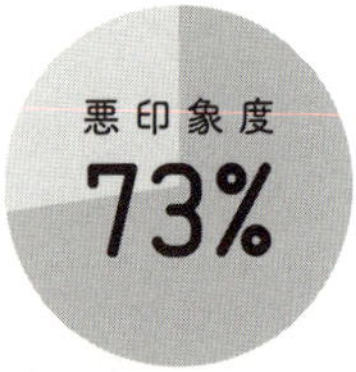

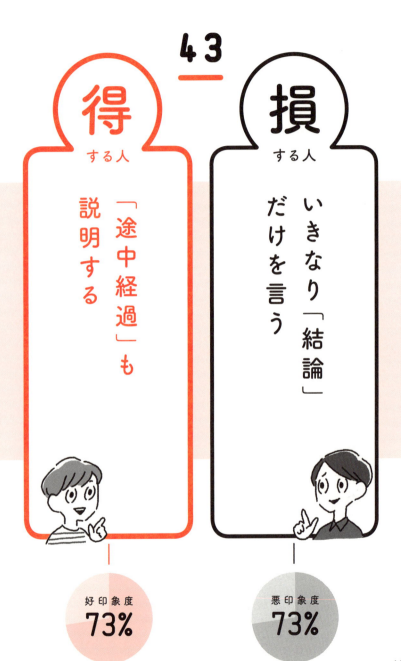

「会社、やめてきたわ」

そんなことを妻、もしくは夫が急に言いだしたら、誰だって驚くでしょう。

昨日までふつうに会社に行っていたのに、突然「やめてきた」と言われたら、ふつうは「は？　なんで？」と戸惑うでしょう。「なんで相談してくれなかったの！」とケンカになる可能性も大いにあります。

これが、ふだんから「会社を転職しようと思っている」「そろそろ独立してみたいと思っている」などと相談をしていれば、ケンカにはならないでしょう。

いきなり結論だけを言う人は、明らかに「損」をしています。

結論だけを言う人は、伝えることが苦手で、自信のない人。

途中経過や考えの過程を伝えることは難しいと判断し、つい結論だけを雑に伝えて強引に押し切ろうとしてしまう。しかし、相手はいきなり結論だけを聞かされるので、唐突感がものすごいのです。これでは、うまくいくはずがありません。

いきなり結論を伝えられたほうも、途中経過をシェアしてくれなかったことで、その人への信頼感はゆらぐでしょう。「言ってもわからない人だと思われたのかな？」

と不安にもなってしまいます。

話がポンポン飛ぶ人の頭の中

似たようなケースで急に話が飛ぶ人もいます。


「じゃあ、○○社には、予算を検討し直してもらうよう言っておきます」

「お願いね。……ああ、そういえば、常務の決裁はとったから」

「え？　もう常務まで話がいってるんですか？　決裁？」

「ああ、△△社の件、△△社の件」

「なんだ、別件ですか……」


このように急に話題がジャンプする人は、おそらく普通の人よりも一度に処理できる情報量が多いのかもしれません。○○社の件と△△社との商談は、頭のなかで同時に処理されている。常務の決裁の話は、その人の頭の中ではつながっています。しかし、それをそのまま表に出されても、聞く側はびっくりしてしまいます。

得
ポイント

過程を共有すると、仲間になれる

得をするのは、相手の立場に立って、途中経過もきちんと説明できる人です。

前後の脈絡がない話をして相手をポカンとさせてしまいがちな人は、自分の考えの途中を、サボらずに伝える努力をしましょう。

このケースで言えば「○○社はそういうことで。他にも伝えておいたほうがいいこと、あったかな……。あ、そうそう、△△社の件も進行中だったよね。あれはもう常務にも決裁をとったから」と、思考の途中経過もきちんと伝えることができれば混乱は起きなかったはずです。

途中経過をシェアすることは、相手を信頼することです。

「どうせ伝わらない」とあきらめず「かならず伝わるはずだ」「わかってくれるはずだ」とまずはあなたが信じることです。

44

得する人

大きな声で
ポジティブなことを
言う

損する人

小声で
ネガティブなことを
言う

小声の人は「損」をします。声が大きめの人は「得」をします。そして、ネガティブな人は「損」をします。ポジティブな人は「得」をします。

要するに、明るくて社交的な人が、人間関係では得をするのです。

得したいなら、大きな声でハキハキ話しましょう。小さな声でむにゃむにゃと話していると、相手にも聞こえませんし、存在感が薄まっていきます。

人間は「存在感があって、わかりやすい」ものにひかれるのです。地声が小さい人もいると思いますが、なるべく意識して声量をアップすることを心がけましょう。

もうひとつ大切なのが、あいさつです。「おはようございます」「こんにちは」「さようなら」「おつかれさまです」……。あいさつは「あなたを見ていますよ」と相手を認め、「敵ではないよ」と好意をしめす、人づきあいにおいてとても大切なものです。

しかし、これほど基本的なことなのに、できていない人は多いものです。

会社でも、あいさつの習慣がない職場は少なくありません。個人主義の働き方も増えてきていますし、アットホームな会社は流行らないかもしれません。それでも、きちんと社員同士であいさつをすることは必須でしょう。

〝反省会〟で反省しなかった彼女のひとこと

そして、ポジティブな人は得をします。

ぼくが大学時代に入っていたテニスサークルはまじめに練習するタイプのサークルでした。合宿に行ったときなどは一日の終わりに反省会を開いていました。大広間に100人くらいが集まり、幹部学生たちが前に出て「今日の練習はここがダメだった、ここを反省しなきゃいけない」といった話をします。

続いて、彼らは練習に参加したOBを名指しして「〇〇さん、何かひとこと」と促します。そうすると、指されたほうも「反省会」的な雰囲気なので、小言めいたことを言わざるを得なくなり、「練習中、こういう人がいたので、気をつけたほうがいい」と指摘する。後輩たちは暗い顔で「はい」といっせいにうなずく……といった流れになってしまいます。葬式のようで、あまり楽しい雰囲気とは言えません。

あるとき、ぼくの後輩にあたる女性が指名されたことがありました。このときの彼女のひとことは見事でした。

彼女は、「今日は、みんなよく声が出ていて足も動いていて、ケガもなかったし天気もよかったし、とてもいい練習でした!」。それだけ言って座ったのです。
「何か改善しなくちゃいけない」とみんなが思い込んでネガティブになっていたなかで、ポジティブに自分が思ったとおりのことを言った彼女の明るくにこやかな笑顔は、ひときわ輝いて見えました。

ポジティブな発言や姿勢を身につけるだけで、「あの人は明るくて前向きだなあ」「一緒にいると元気が出る」と好印象を与えることができます。

大きな声で、ポジティブ。シンプルですが効果はバツグンです。

得 ポイント

明るくハキハキ話すと、人が集まってくる

第4章

ちょっとした
言い換えで
「得する
フレーズ」
厳選15

損

「私って〇〇な人なんで」

↓

得

「私は〇〇です」

01

「ぼくコーヒー飲めない人なんで」「私、朝起きられない人なんです」。「〇〇な人」という言い方には「〇〇な集団のひとり」「私だけが悪いのではない」という自分を守る感じが出過ぎています。これが相手をイラッとさせることに。

シンプルに「私はコーヒー飲めないんです」「私、朝が苦手なんです」と言うほうがさわやかでしょう。

02

損

「○○じゃないですかー」

得

「○○です」

「最近って暑いじゃないですかー」「私ってよくしゃべるほうじゃないですかー」。この「じゃないですかー」も損をしています。これは「共感を求める」を通り越して、やんわり「共感を強制」してしまっているから。なかには「押し付けがましい」と感じる人もいるでしょう。

ここは、「暑いですね」「私、よくしゃべるんです」とストレートに伝えましょう。

損

「逆に」

↓

得

「それで言うと」

03

「でも、逆にさぁ〜」「逆にカレーとかどうかな？」。反対の意味でもないのに「逆に」をよく使う人は損をしています。これは、インパクトのあるフレーズで相手の興味を引きたい狙いですが、言われたほうは否定された気分になる上に、特に「逆」でもない話を聞かされ、うんざり。

「たしかにね」「それで言うと」など、肯定的な言葉でうまくつなぐと好印象です。

損

「この本、読んだほうがいい」

↓

得

「この本、読んでみて」

04

「この映画は絶対観たほうがいい」「この本ぐらいは読んでおいたほうがいい」という言い方は損をします。単なる自分の意見を、「あなたのためになる」というスタンスで押し付けてくる印象を受けるからです。

素直に「この映画、絶対観てほしい！」「この本、読んでみて！」と気持ちをまっすぐに伝えましょう。

05

損

「○○してもらうことって可能ですか？」

得

「○○してもらえますか？」

最近よく見かける「可能ですか？」は、丁寧な表現のように見えて、どことなく「および腰」でズルさの感じられる表現です。本当は頼みたいのに断られるのが怖い。だから「可能かどうか？」という表現で逃げている印象。

ここは素直に「お願い」をするほうが得。「○○してもらえますか？」「○○お願いできますか？」と言いましょう。

06

損

「○○させて
いただく」

得

「○○いたします」

「させていただく」も丁寧で謙虚に見えて、相手への印象はプラスになりにくい言葉です。特にこの表現はビジネスシーンで使いがち。「企画書をお送りさせていただきます」「私が担当させていただきました」など。「企画書をお送りします」「私が担当いたしました」のほうがスッキリと印象がいいはずです。

損

「（プライベートで）おつかれさまです」

得

「こんにちは」

07

せっかくプライベートで会っているのに、「おつかれさま」を使われると、とたんに堅苦しい空気に。特に気になる異性と食事に行ったあと「おつかれさま！」とやってしまったらロマンチックな雰囲気は台なしです。

そういうときは「こんにちは」が意外と得するフレーズ。シンプルだけれど印象がよく、使い勝手のいい言葉です。

08

損

「すみません」

↓

得

「ありがとう」

本来は「ありがとう」と言うべきところで「すみません」を使う人は損をしています。お茶を出してもらって「すみません」、席を譲ってもらって「すみません」では親切をしたほうもあまり気持ちよくありません。

そこはストレートに「ありがとうございます」が好印象。難しければ、「どうも〜」でもいいでしょう。

09

損

「私って何歳に見えます？」

得

「私、〇歳なんですけど」

会話のなかで、もったいぶってやたらとクイズを出したがる人がいます。「私って何歳に見えます？」「中国でいま、伸びてる産業って何だと思う？」などといった具合。クイズを出されたほうはイライラしますし、「うまく答えなきゃ」というプレッシャーを感じることに。結果的に「損」してしまう話し方です。余計なことはせずに、サクッと情報を伝えていくほうが「得」です。

損

「いいですよ」

得

「わかりました」

10

「資料つくっておいてくれる?」と頼む上司に「いいですよ」と返す部下が増えているそうです。何気ないひとことですが、上司の印象は悪いでしょう。

なぜならそこには「上から目線」というか、「やってあげてもいい」というニュアンスが入ってしまうからです。上司に頼まれ事をしたときのフレーズは「わかりました」「了解しました」が正解です。

損

「だって」

↓

得

「とはいえ」

11

会話のところどころに「だって」「でも」を使う人は損をしています。「だって、○○さんがそうおっしゃっていたので」「でも、得意先が納得しないんですよ」など。「言い訳」っぽい印象になってしまいます。

反論したいのであれば「というのも」「とはいえ」が有効です。これなら「説明」のニュアンスが出て、相手もきちんと聞いてくれるはずです。

損

「どうせ」

得

「きっと」

12

「どうせ」のあとに続くのは、かならずネガティブな言葉です。「どうせ、うまくいかない」「どうせ、面接に落ちる」。いつもそんなネガティブなことばかり言っている人とつきあいたいという人は少ないでしょう。

「どうせ」と言いたくなったら無理にでも「きっと」を使いましょう。「きっと、うまくいく」「きっと、面接は通る」。ポジティブな言葉は「得」の宝庫です。

損

「は？」

得

「え、どういうこと？」

13

聞き返すときに「は？」と言う人がいます。クセになっている人もいますが、これは損するフレーズ。ケンカや言い合いに発展する可能性のある乱暴な言葉です。

得するのは「どういうこと？」「すみません、どういうことですか？」でしょう。聞こえづらかった、意味がわからなかった、というちょっとした問いかけのときほど、丁寧にたずねるようにしましょう。

損

「えっとー」
「えーと」

得

「えー」

14

スピーチやプレゼンなどで「えっとー」と連発するのは損。たどたどしく素人っぽい印象を与えてしまいます。沈黙が怖い、間を埋めなきゃ、という思いから発するのでしょうが、それなら「えー」のほうがまだマシです。

いちばんいいのは、うまく「間」を使うこと。上手に沈黙を使えば相手の注意も引くことができ、得な話し方ができます。

15

居酒屋などで「ビールでいい」と言う人がいます。これには本人は意識せずとも「仕方なくビールにする」というニュアンスが含まれてしまいます。
もしビールを頼みたいなら「ビールがいい」「ビールを飲みたい」にしてみましょう。
居酒屋に限らず、あらゆる場面で「○○がいい」という言い方にすると印象はグッとアップします。

損
「○○でいい」

得
「○○がいい」

おわりに

話し方の世界でよく言われることに、「伝わり方がすべて」というものがあります。

あなたがどんなに優しく言ったつもりでも、相手が「怖い」と感じてしまったら、それは「怖い」話し方。あなたが「こうやってほしい」と頼んだとしても、相手がやり方を間違ってしまったら、それは頼んだほうのミス。

結局、話し方の良し悪しとは、「相手がどう思うか」ですべて決まってしまうわけです。 難しいものです。

この本は、あなたのちょっとした話し方が、相手をどんな気持ちにさせるか、という、その点のみにこだわって書きました。

＊

「言葉づかい」という言い方があるように、「言葉」は「お金」と似ているのかもしれません。

同じ金額のお金、たとえば100万円あったとしても、その使い方は人によっていろいろ。ぱーっと一晩で散財することもできるし、なにか将来の役に立つことに使うこともできる。

言葉も同じように、得する使い方もあれば、損する使い方もある。

言葉を使って「得する」とは、その話し方をすることで、人づきあいがうまくいく、ということです。あなたをとりまく人間関係が、少しでもよくなるということ。

逆に「損する」とは、その話し方をすることで、人づきあいがこじれてしまう、ということ。人間関係がぎくしゃくするということ。

そして先ほど言ったように、その結果（得するのか損するのか）を決めるのは、あなた自身ではなく、話しかけられた相手なのです。困ったことです（笑）

＊

「それじゃ、困るよ」
「相手がどう思うかなんて、こっちはわからないじゃないか」

そういった声にお応えすべく、この本では、実際にその話し方が、相手にどれだけ好印象を与える（得）か、どれだけ悪印象を与えるか（損）か、について、アンケート調査を実施し、その結果も掲載しました。
ちなみに、たとえば「好印象度90％」とは、「世の中の90％の人が、その話し方に好印象を持っている」ということを示します。ぜひ参考にしていただければと思います。

あなたが「損する話し方」を避け、「得する話し方」をすることで、あなたのまわりの人間関係が、よりストレスのない快適なものになることを、心から祈っています。

2018年　8月
五百田 達成

15万部突破！　五百田達成の“生まれ順”シリーズ

“生まれ順”ブームの火付け役！

不機嫌な長男・長女　無責任な末っ子たち

五百田達成

「この差って何ですか？」（TBS）ほか、テレビ・雑誌で話題騒然！「生まれ順」で、本当の自分が見えてくる。仕事、恋愛、結婚、友人……あらゆる人間関係に役立つ一冊。

定価 1300 円（税別）

“生まれ順”で
まるわかり！
長子って
こんな性格。
定価1000円（税別）

“生まれ順”で
まるわかり！
中間子って
こんな性格。
定価1000円（税別）

“生まれ順”で
まるわかり！
末っ子って
こんな性格。
定価1000円（税別）

“生まれ順”で
まるわかり！
一人っ子って
こんな性格。
定価1000円（税別）

話し方で損する人得する人

発行日　2018年　8月30日　第1刷

Author　五百田達成

Illustrator　徳永明子
Book Designer　小口翔平＋山之口正和＋喜來詩織（tobufune）

Publication　株式会社ディスカヴァー・トゥエンティワン
〒102-0093　東京都千代田区平河町2-16-1 平河町森タワー11F
TEL　03-3237-8321（代表）
FAX　03-3237-8323
http://www.d21.co.jp
Publisher　干場弓子
Editor　大竹朝子
編集協力：竹村俊助（WORDS）

Marketing Group
Staff　小田孝文 井筒浩 千葉潤子 飯田智樹 佐藤昌幸 谷口奈緒美 古矢薫 蛯原昇
安永智洋 鍋田匠伴 榊原僚 佐竹祐哉 廣内悠理 梅本翔太 田中姫菜 橋本莉奈 川島理
庄司知世 谷中卓 小木曽礼丈 越野志絵良 佐々木玲奈 高橋雛乃

Productive Group
Staff 藤田浩芳 千葉正幸 原典宏 林秀樹 三谷祐一 大山聡子 堀部直人 林拓馬 塔下太朗
松石悠 木下智尋 渡辺基志

Digital Group
Staff　清水達也 松原史与志 中澤泰宏 西川なつか 伊東佑真 牧野類 倉田華 伊藤光太郎
高良彰子 佐藤淳基

Global & Public Relations Group
Staff　郭迪 田中亜紀 杉田彰子 奥田千晶 李瑋玲 連苑如

Operations & Accounting Group
Staff　山中麻吏 小関勝則 小田木もも 池田望 福永友紀

Assistant Staff
俵敬子 町田加奈子 丸山香織 小林里美 井澤徳子 藤井多穂子 藤井かおり 葛目美枝子
伊藤香 常徳すみ 鈴木洋子 石橋佐知子 伊藤由美 畑野衣見 井上竜之介 斎藤悠人
平井聡一郎

Proofreader　文字工房燦光
Printing　日経印刷株式会社

ISBN978-4-7993-2346-5